KB193454

금강경의 핵심 교설을 말하다

금강경의 핵심 교설을 말하다

김대우 譯著

영겁의 세월에
비하면 인생살이 한 평생이
순간이고, 가지고 있던 재물도
순간에 머무는 것에 지나지 않는다.
수행(닦음)이 없으면 악업惡業이
쌓이므로 인하여 인과의 법칙
대로 숨을 거둔 뒤에는
악도惡道에 떨어진다

불교시대사
1% 나눔의 기쁨

머리말

불자(佛子)들 사이에서 구전(口傳)으로 전해오기를, 『금강경』은 그 뜻을 모르고 독송(讀誦: 글 뜻이 명료하도록 외우는 것)하더라도 끊임없이 자주 독송한다면 공덕이 되는 것이라고 전해오고 있다.

그러나 이는 『금강경』을 거듭하여 자주 독송하다 보면 언젠가는 그 뜻을 알게 된다는 전제가 들어간 말(言語)이다. 이를테면 중국(中國)에 태어난 사람이 어려서부터 한자(漢

字만을 사용하는 중국의 한자 문법에 길들여진 사람이라면 한자로만 되어있는『금강경』을 자주 읽어본다면 그 뜻을 알게 될 것이다.

그렇지만 어린 시절부터 전혀 한자 문법을 배워보지 못하고 오직 한글 문장에만 길들여진 한국의 일반인들이 중국의 한자로만 꽉 채워진『금강경』을 아무리 수백 번 독송해도 그 참뜻을 알 수 없음은 너무나 당연한 일이다.

『금강경』을 수백 번 독송해도 그 뜻을 모른다면 결국 아무런 공덕이 없는 것이다. 왜냐하면『금강경』의 교설教說=가르침은 범부중생들로 하여금 어리석고 거짓된 나我를

굴려서 지혜롭고 참된 나我인 본래청정심本
來淸淨心에 들게 하는 가르침인데, 그 뜻을 모
르고 독송한다면 여전히 암흑 속을 벗어나
지 못하기 때문이다.

이와 같은 문제를 해소解消하기 위하여
『금강경』 전체의 내용 가운데 가장 중요하
고 핵심적인 내용들을 엄선하였다. 그리하
여 그 뜻을 해설한 것이 바로 이 책이다.

그리고 지면 관계상 한자로 된 『금강경』
의 원문原文은 이 책에 실지 않았다. 그 이유
는 한자로 된 원문까지 여기에 실어 놓으면
책 부피가 너무 두꺼워져서 일반 독자들이
읽어보는데 어려움을 느끼고 심적으로 부
담이 될 것이기 때문이다. 또한 『금강경』 한

자의 원문을 여기에 실지 않은 것은 비유컨대, 사과나무에서 사과만 따면 되는 것이지, 사과나무까지 뽑아올 필요가 없다는 필자의 지론 때문이기도 하다.

세속에서 살아가는 일반불자들이 바쁘게 돌아가는 일상생활 속에서 고시 준비하듯, 『금강경』의 한자문구를 공부할 이들이 과연 몇이나 되겠는가? 그런 문제를 감안하여 이 책의 부피와 무게를 줄이려고 노력하였다.

『금강경』의 중요하고 핵심적인 교설(가르침)을 엄선하여 해설함에 있어서 직역을 하고자 하였으나 『금강경』 한자문법의 특성상 의미를 함축한 내용이 대부분이므로 직역을 한다면 불교 학문에 이해의 폭이 좁을 수밖에 없는 세속의 일반인들이 난해함을 느끼고, 납득이 쉽지 않아서 수시로 읽어보거나 또는 독송하지 아니할 것이다.

그러므로 부득이 하게『금강경』한자 문구의 의미를 풀어서 의역하였다. 그리하여 수행력修行力의 수준과 기틀이 약한 일반인들도 이 책에 실린 내용을 읽어보기만 하면 그 뜻을 알 수 있을 뿐만 아니라 바로 '수행=닦음'으로 이어질 수 있도록 이해하기 쉽게 기술記述하였다.

그러나 불교학문에 깊이가 없는 세속에서 살아가는 일반인들이 읽어본다면 처음에는 그 뜻을 납득하고 이해하기가 쉽지는 않을 것이다. 그렇더라도 수행한다는 마음가짐으로 자주 읽어본다면 점차적으로 그 뜻이 명료하고 확연해 질 것이다.

그리고 이 책에 실린 내용을 하루에 한 번 이상 계속해서 그 뜻을 새기며 끊임없이 반복해서 읽어보는 수행을 한다면 그렇게 수지 독송受持讀誦하는 것만으로도 수행에 진전이 있는 것이라 하겠다.

이와 같은 수지 독송의 공덕으로 인하여 종극에는 본심本心, 본성本性, 본각本覺에 도달하게 된다. 이것을 한마디로 표현하면 본래 청정심本來淸淨心이다.

『금강경』의 중요하고 핵심적인 내용을 엄선하여 해설한 이 책을 마음으로 뜻을 새기며 일생동안 끊임없이 반복해서 수 없이 독

송하고 또 수행이 따른다면 무량무변공덕을 성취하게 된다. 『금강경』의 '교설=가르침'에 이르기를,

만약 어떤 사람이 있어 『금강경』

가운데의 어느 한 부분이라도

마음으로 받아 지니고, 그 뜻을

새기며 끊임없이 독송하고 또한

『금강경』의 주요 부분을 압축하고

요약하여 깨달음의 시詩로

표현한 「사구게四句偈」만이라도

타인他人에게 전하고 그 뜻을

설명해 준다면 무량무변공덕을

성취하느니라.

이 책을 만나는 모든 이들이 끊임없이 독송하고, 또 그 가르침에 따라 수행에 몰입하기를 기대하는 마음 간절하다. 게으름 없이 수행한 공덕으로 인하여 영원하고, 즐겁고, 자유롭고, 깨끗한 경지가 끝이 없는 무량무변공덕의 세계인 성불成佛에 이르기를 축원한다.

　기존에 나와 있는 『금강경』을 강의한 책들은 도력 높은 스님들이 자기 자신의 수준에 맞추어 강의하거나 또는 해설을 하다 보니, 세속에서 살아가는 일반불자들이 쉽게 이해하지 못하고 납득하지 못하는 것이 현실이다.

　그런 문제를 감안하여 이 책에서는 일반

인들이 거듭하여 읽어보기만 한다면 쉽게 이해하고 납득할 수 있도록 해설하였다. 즉, 세속에서 살아가는 일반인들의 수준과 기틀에 맞추어 해설하였음을 밝혀둔다.

나이 드신 이들도 읽어보거나 독송하기 용이 하도록 큰 활자체를 사용하였다.

그러므로 이 책을 만나는 모든 이들이 수지 독송하여 성불에 이르기를 바라 마지않는다.

불기 2567년 7월

聖道 金 大 宇

차 례

1

금강반야바라밀

金剛般若波羅蜜

◇ 본래청정심本來淸淨心은 이 세계에서 어떤 무엇으로도 깨뜨릴 수 없고, 파괴할 수 없는 것이므로 금강金剛이라 한다. 반야바라밀 역시 본래청정심을 말한다. 따라서 금강반야바라밀은 본래청정심을 지칭한 말이다.

◇ 불교의 여러 경전에서 일컬어지는 금강 반야바라밀과 아뇩다라삼먁삼보리와 무상정등정각無上正等正覺과 대각大覺과 원각圓覺과 본각本覺과 해탈(解脫:무여열반)과 진여眞如와 본래청정심은 다른 것이 아니고, 그 의미가 다 같은 것이다.

◇ 본래청정심本來淸淨心을 줄여서 본각本覺, 또는 진여眞如라 하고, 더 줄여서 각覺이라 한다.

◇ 아뇩다라삼먁삼보리를 다른 말로 하면 본심本心, 본성本性, 본각本覺이다. 또 이를 다른 말로 하면 불심佛心, 불성佛性, 불각佛覺이고, 또 이를 다른 말로 하면 무상정등정각無上正等正覺이며, 또 이를 다른 말로 하면 본래

청정심本來淸淨心이다.

◇ 본심本心, 본성本性, 본각本覺을 세밀하게 해석하면 본심의 성품이 본성이고, 본심의 각성覺性이 본각이다. 이것은 불심佛心, 불성佛性, 불각佛覺에 있어서도 마찬가지다. 불심의 성품이 불성이고, 불심의 각성覺性이 불각佛覺이다. 이와 같이 세밀하게 해석할 수 있으나, 통칭하여 본래청정심이다.

◇ 경經이란, 부처님께서 설하신 교설敎說을 말한다. 즉, 미혹迷惑의 굴窟에서 벗어나 해탈의 동산에 이르게 하는 가르침을 경經이라 한다. 미혹의 사상심四相心에서 벗어나 본래청정심에 이르게 하는 가르침이 바로『금강반야바라밀경』이고, 이것을 줄여서『금강

경』이라 한다.

◇ 본래청정심은 진리의 본체本體이니, 언어言語로서 설명할 수 있는 영역을 벗어난 곳에 있다. 그러나 부득이 미혹중생을 구제하기 위해 부처님 지혜의 교화방편으로 언어言語에 의지하여 본래청정심에 이르게 하는 것이다.

◇『금강경』은 중생들로 하여금 미혹의 사상심四相心에서 벗어나 본래청정심을 체득하여 무량무변공덕의 세계인 성불成佛에 이르게 하는 가르침이다.

2

생멸심·분별심·사량심

◇ 생멸심生滅心이란, 생각이 일어났다 꺼지기를 반복하는 것을 말한다. 누가 나를 해쳤을 때, 불같이 화나는 마음이 일어나고, 보복할 마음이 일어났다 꺼지기를 반복하게 된다. 또 누가 등 뒤에서 나를 향하여 비방했을 때, 나도 그에게 욕설과 악담을 하게

되고, 그런 마음이 일어났다 꺼지기를 반복하는 것이 생멸심이다. 또 번뇌와 망상과 잡념이 일어났다 꺼지기를 반복하는 것 역시 생멸심이다. 그리고 세상을 살아오는 동안 크게 억울한 일을 당하였을지라도 그 억울함을 마음에 자주 떠올리는 것은 스스로 마음을 어둡게 하는 생멸심이니, 마땅히 벗어야 한다. 생멸심이 치성하고 반복될수록 어두운 업業이 쌓이게 마련이다. 그런데 생멸심은 그 실체가 없음을 깨달아 생멸심에서 완전히 벗어났을 때, 불교의 바른길에 들어 공덕의 문이 열린다.

◇ 분별심分別心이란, 깨달음에 이르지 못한 소견으로 누구는 천사 같은 사람이다. 누구는 사람의 탈을 쓴 짐승 같은 사람이다. 옳

다, 그르다, 애국자다. 비애국자다. 등등의 구별하고 차별하는 마음이 분별심이다. 이러한 분별심으로 인하여 어두운 업業이 쌓인다. 그런데 분별심은 그 실체가 없는 것임을 깨달아 분별심에서 완전히 벗어날 때, 불교의 바른 길에 들어 공덕의 문이 열린다.

◇ 사량심思量心이란, 깨달음에 이르지 못한 소견으로 〈이럴 것이다, 저럴 것이다.〉하고 사량하며 헤아리는 마음을 말한다. 예컨대 〈이 지구는 어떤 초능력자에 의하여 만들어졌을 것이다. 그렇다면 무한대의 세계라 할 수 있는 우주의 백억일월세계百億日月世界도 어떤 초능력자가 만든 것일 것이다.〉라고 사량하고 헤아리는 마음이 사량심이다. 이 밖에도 사량하고 헤아리는 마음은 수 없이

분출한다. 좋은 사람일 것이다. 나쁜 사람일
것이다. 도둑놈일 것이다. 사기꾼일 것이다.
등등의 사량심으로 인하여 어두운 업業이
쌓인다. 그런데 사량심은 그 실체가 없는 것
임을 깨달아 사량심에서 완전히 벗어날 때,
불교의 바른 길에 들어 공덕의 문이 열린다.

◇ 서기 2022년 7월 12일 및 13일 KBS TV
및 KBS 제1라디오 뉴스에서 보도한 내용
을 여기에 소개한다. 미국(U.S.A) 나사(NASA)
에서 우주 공간에 띄워놓은 초강도 대형大
形 우주망원경으로 우주를 관측한 결과 우
리가 사는 지구에서 1,500광년 떨어진 곳과
2,500광년 떨어진 곳, 그리고 7,600광년 떨
어진 곳과 2억 6천만 광년 떨어진 곳에 언
설言說로서 표현 불가능한 정도의 수많은 은

하계가 펼쳐져 있다고 하였다. 그렇게 한량
없는 은하계 가운데는 우리가 살아가고 있
는 지구에서 항상 바라보는 태양보다 몇 배
나 더 큰 태양이 수 없이 많으며, 물을 보유
한 지구도 수 없이 많다고 하였다. 그런데
이것이 우주의 전부가 아니고, 비유컨대, 아
주 두꺼운 책이 있다고 할 때, 그 책을 첫머
리에서부터 몇 장 넘긴 것에 불과하다고 하
였다.

◇ 문제는 앞에서 말한 뉴스보도를 접하면
서도 사량심이 발생할 수 있다. 이를테면,
〈이처럼 광활하고 끝없는 대우주大宇宙도 어
떤 초능력자가 있어서 만들어낸 것일 것이
다.〉라고 추측하고 헤아리는 사량심이 발생
하기도 한다. 이러한 사량심에서 벗어나지

못하면 어리석은 마음이 증장하고, 그로 인하여 어두운 업業이 쌓인다. 그런데 사량심은 그 실체가 없는 것임을 깨달아 사량심에서 완전히 벗어날 때, 불교의 바른 길에 들어 공덕의 문이 열린다.

◇ 생멸심과 분별심과 사량심은 사상심四相心에 다 포함되어 있다. 그리고 사상심 자체가 미혹과 망상과 어리석은 마음의 집합체다.

◇ 닦음을 행하는 이는 그 마음을 큰 바위 즉, 암석과 같이 해야 한다. 암석은 어떠한 풍랑과 세찬 비바람이 몰아쳐도 끔적도 하지 않는다. 마찬가지로 닦음을 행하는 이는 어떠한 칭찬의 말에도 그 마음이 흔들려서

는 안 된다. 또 어떠한 욕설과 악담과 비방
하는 말에도 그 마음이 흔들려서는 안된다.
이와 같은 마음일 때, 불교의 바른 길에 들
어 공덕의 문이 열린다.

3

사상심
四相心

◇『금강경』의 가르침에 나오는 상相이란 글자는 범부 중생의 눈에 들어오는 일체一切의 물질적物質的인 것과 내지 마음에서 일어나는 생멸심과 분별심과 사량심을 말한다.

◇ 사상심四相心이란 아상我相, 인상人相, 중생

상衆生相, 수자상壽者相을 말한다.

◇ 내 몸이 있음을 인식하는 것이 아상我相이고, 내 몸이 남의 몸과 다르다는 것을 인식하는 것이 인상人相이며, 내 몸에 애착을 두고 좋아 보이는 모든 것에 대한 탐욕과 집착의 마음이 중생상衆生相이고, 내 몸이 부귀영화를 누리며 무병장수를 갈망하는 것이 수자상壽者相이다.

◇ 첫째, 아상我相이란, 자기 중심의 착각 의식이다. 나我가 있다는 상相이고, 나를 내세우는 상相이며, 아집이 있는 아집상이다.

◇ 둘째, 인상人相이란, 만물의 영장이라는 인간의 우월감을 말한다. 축생에 대하여 멸

시하고 살생까지 한다. 인간들 사이에서도 서로 차별하는 차별의식이다. 나는 나고 너는 너라고 하여 나의 이득利得을 우선하는 차별상差別相이다.

◇ 셋째, 중생상衆生相이란, 나는 중생이므로 성불成佛할 수 없을 것이라는 패배의식과 더불어 성불하겠다는 원願을 세우지 않는 상相이다. 따라서 수행을 등지고 외면하는 가운데 어리석은 마음이 치성하고 내 몸에는 너무 집착하여 내 몸을 치장하고 가꾸는 데 인색하지 않으며 좋아 보이는 모든 것에 대하여 탐착하고 집착하는 집착상이다.

◇ 넷째, 수자상壽者相이란, 내 몸의 부귀영화와 무병장수를 원하는 생멸상生滅相이다.

◇ 다시 또 사상심四相心을 밝힌다. 첫째, 아상我相이란, 자기의 견해만을 고집하는 것이다. 아집과 아만의 상相이고, 나我라고 하는 자아의식自我意識이며 미혹의 어리석은 마음이다. 그리고 나我만을 생각하는 이기심이다. 그 이기심으로 인하여 온갖 어두운 죄업을 짓게 된다. 죄업이 쌓이면 숨을 거둔 뒤에는 지옥, 아귀, 축생의 삼악도三惡道에 떨어지거나 불행의 씨앗이 된다.

◇ 둘째, 인상人相이란, 나와 너는 다르다는 차별상이고, 나만의 이익을 갈구하는 상相이다. 그리고 내편과 상대편을 갈라서 내편은 승승장구하기를 원하고, 상대편은 몰락하기를 바라는 상相이다. 또 상대방이나, 혹은 상대편에서 하는 말(言語)에 대해서는 귀

를 기울이려 하지 않고, 내가 하는 말이나, 혹은 내편에서 하는 말에만 귀를 열어 달라는 아전인수 격의 주의 주장만을 내세우는 상相이다. 편 가르기의 대표적인 예를 들자면, 국회에서 여당과 야당의 극한 대립이 그런 양상이고, 〈러시아〉의 권력집단이 〈우크라이나〉를 침공하여 국토를 빼앗고자 벌이는 전쟁의 양상이 그것이다. 이와 같은 인상人相 즉, 차별상으로 인하여 어두운 죄업이 쌓이게 된다. 그 어두운 죄업은 인과因果의 법칙대로 숨을 거둔 뒤에는 악도惡道에 떨어지거나 크나큰 불행의 씨앗이 된다.

◇ 셋째, 중생상衆生相이란, 범부 중생의 눈에 들어오는 물질적인 현상現相 내지 재물에 탐착하고, 내 몸에 집착하며 내 몸을 살

찌우고 치장하느라 타인他人 들에게 손해를
입히기도 하고, 다른 생명들을 해치는 일이
있게 된다. 그리고 자기 자신은 범부 중생
이므로 성불成佛하지 못할 것이라고 미리부
터 단정하여 전혀 수행생활을 실천하지 않
는다. 그와 같이 수행을 등지고 외면하므로
인하여 세상을 살아갈수록 어두운 죄업만
쌓인다. 그로 인하여 숨을 거둔 뒤에는 악
도惡道에 떨어지거나 끝없는 불행의 씨앗이
된다.

◇ 넷째, 수자상壽者相이란, 부귀영화에 탐착
하고 무병장수를 갈망하며 명예에 집착한
나머지 다른 사람들을 헐뜯기도 하고 손해
를 입히기도 하며 함정에 빠뜨리기도 한다.
이것이 어두운 죄업이 되고 쌓여서 목숨을

마친 뒤에는 악도에 떨어지거나 또는 불행
과 마장의 씨앗이 된다.

◇ 아상, 인상, 중생상, 수자상의 사상심四相
心 가운데 생멸심生滅心과 분별심分別心과 사
량심思量心과 차별심이 다 포함되어 있다. 그
리고 망령된 견해와 망령된 생각과 번뇌와
망상과 일체의 어둡고 어리석은 마음이 사
상심 가운데 다 포함되어 있다. 그러므로 사
상심에서 벗어나면 일체의 어두운 마음에
서 벗어난다. 다시 이르자면 사상심이 완전
히 없어지면 일체의 미혹과 어리석은 마음
에서 벗어난다. 그리고 억겁에 지은 죄없이
다 소멸되어 사라진다.

◇ 사상심四相心에서 완전히 벗어나면 본래

청정심本來淸淨心을 체득하여 무량무변공덕
의 세계인 성불成佛에 도달한다.

◇ 미혹의 어리석은 마음으로 인하여 생각,
생각에 고통을 만들어내는 것을 번뇌라 하
고 망상妄相이라 하며 망견妄見이라 한다. 아
상, 인상, 중생상, 수자상의 사상심四相心은
미혹과 번뇌와 망상과 망견의 총 집합체다.
그리고 아직 깨달음에 이르지 못한 범부
중생들이 살아가는 세계는 즉, 사상심의 세
계다.

◇ 수행(닦음)이라는 마음의 목욕을 통하여
거짓된 마음을 다 비워서 무아無我의 경지에
들면, 미혹과 일체의 어리석은 마음의 집합
체인 사상심에서 벗어나게 된다. 따라서 모

든 죄업이 소멸되어 일체의 고통에서 벗어
난다.

◇ 나我가 없다는 무아無我의 경지에 들어도
무량무변공덕의 본체本體인 본래청정심은
없어지지 않는다. 무슨 까닭인가 하면 본래
청정심이 참 나我이기 때문이다.

◇ 『금강경』의 교설(가르침)에 나오는 무량무
변공덕은 본래청정심을 체득하여 성불成佛
에 도달한 경지를 말한다.

◇ 사상심四相心에서 완전히 벗어나지 못하
면 본래청정심을 체득하지 못하므로 성불
하지 못한다. 무슨 까닭인가 하면 본래청정
심이 일체공덕의 본체本體이기 때문이다.

◇ 아상我相이 있으므로 인하여 인상人相이 일어나고, 인상이 있으므로 인하여 중생상衆生相이 일어나며 중생상이 있으므로 인하여 수자상壽者相이 일어난다. 그러므로 아상이 없어지면 인상, 중생상, 수자상이 다 없어진다. 아상我相이 일체상一切相의 근본이다. 그러므로 아상이 없어지면 일체상一切相이 없어진다.

◇ 이상에서 기술記述한 사상심四相心에 대하여 그 뜻을 확연히 습득해 두어야 한다. 그리하지 아니하면 『금강경』의 교설(가르침)을 납득하지 못하고 이해하지 못하며 그 진리의 참뜻을 깨닫지 못한다. 무슨 까닭인가 하면 어리석은 마음의 총 집합체인 사상심四相心에서 완전히 벗어나야만 무량무변공덕의

세계인 성불成佛에 도달할 수 있다는 것이 『금강경』의 주요 골자에 해당하는 가르침이기 때문이다.

4

—

허상
虛相

◇ 이 세계에서 자연 현상으로 이루어진 모든 형상形相은 허상虛相이다. 그리고 사람들로 인하여 이루어진 형상形相들은 모두가 다 허상이다. 또한 눈에 보이는 삼라만상과 두두물물頭頭物物이 모두가 다 허상이다. 무슨 까닭인가 하면 그것들은 고정불변의 실체

가 없기 때문이고, 또 명이 다하여 숨을 거
둠과 동시에 그 모든 것들이 자기에게서 영
영 사라져 버리기 때문이다.

◇ 자연적으로 이루어진 모든 형상形相들과
인위적으로 쌓여지고 이루어진 모든 재물과
형상들에 대하여 탐착하고 집착하는 마음에
서 완전히 벗어나야 한다. 그리고 자녀권속
들에 대해서도 애착하고 집착하는 마음에서
완전히 벗어나서 어디에도 속박되거나 걸리
지 않는 마음의 자유를 얻어야 한다. 그리하
여 나我가 없다는 무아無我의 경지에 들어, 사
상심四相心에서 완전히 벗어나면, 지옥, 아귀,
축생의 삼악도三惡道에 떨어지지 않는다. 뿐만
아니라 본래청정심을 깨달아 체득하여 무량
무변공덕의 세계인 성불成佛에 도달한다.

◇ 아직 깨달음에 이르지 못한 범부 중생은 참된 자기가 아닌 것을 참된 자기로 착각하며 살아간다. 아상, 인상, 중생상, 수자상의 사상심四相心 속에서 살아가는 것은 어두운 굴窟에 들어 있는 것과 같아서 참된 자기가 아닌데 참된 자기로 착각한다. 또 미혹迷惑의 견해와 미망迷妄의 의식意識과 번뇌와 망상의 자아의식自我意識은 참된 자기가 아닌데 참된 자기로 착각하며 살아가는 것이 중생의 삶이다. 이와 같은 허상虛相을 자기의 실체로 착각하고 있는 것은 어두운 미혹이며 삿된 견해다. 비유컨대 어두운 미혹의 굴窟에서 벗어나지 못한 것과 같다.

◇ 『금강경』의 교설을 만나게 된 것은 꺼지지 않는 등불을 만난 것과 같다. 마땅히 그 등불

에 귀의해야 한다. 다시 이르자면『금강경』의 교설에 귀의하여 수행에 정진해야 한다. 그리하여 영원한 공덕의 문門에 들어야 한다.

◇ 어떤 것이 참된 자기의 실체인가? 오직 본래청정심本來淸淨心만이 참된 자기의 실체다.

◇ 아상, 인상, 중생상, 수자상의 사상심四相心은 그 실체가 없는 허상虛相이다. 이를 여실히 깨달아 사상심이 완전히 없어지면 본래청정심에 들어 무량무변공덕의 세계인 성불成佛에 도달한다.

◇ 이 세계에 존재하는 모든 형색形色과 형상形相들이 모두가 다 그 실체가 없고 영원성이 없는 허상虛相이다. 사람마다 자기가

가지고 있는 사대육신도 이세상의 인연에 의하여 잠시 모습을 나타낸 것으로서 100년도 못가서 사라져 버릴 수 밖에 없는 허상이다. 깨달음의 안목에는 두두물물頭頭物物과 형형색색形形色色의 모든 형상形相들이 눈에 들어와도 그것들이 실체 없는 허상임을 알아 탐착하고 집착하는 마음이 전혀 없다.

◇ 물러나지 않는 신심信心으로 수행을 거듭하여 나我를 완전히 비워버린 무아無我의 경지에 들어야 한다. 그리하여 눈에 들어오는 일체의 모습과 형상形相들에 대하여 탐착하는 마음과 집착하는 마음이 완전히 없어지면 본래청정심本來淸淨心에 들어 무량무변공덕의 세계인 성불成佛에 도달하게 된다. 이것이『금강경』의 교설이다.

5

마굴魔窟의 세계에서 벗어나 영원한 광명의 세계로

◇ 마굴魔窟의 세계란, 탐욕과 성냄과 어리석은 마음이 시키는 대로 몸으로서 죄업을 짓고, 말言語로서 죄업을 지으며, 뜻(意)으로서 죄업을 지으며 살아가는 미혹迷惑의 세계를 말한다. 독자들의 이해를 돕기 위해 앞으로는 마굴이라는 단어를 마魔의 굴窟이라 표

현하기로 한다.

◇ 마魔의 굴窟과 같은 세계라 할 때는 혼돈과 혼탁함이 이를 데 없는 광범위한 세계를 말한다. 그리고 세계라는 단어를 빼고, 단순히 마의 굴이라 할 때는 범죄를 저지르는 개인을 말한다. 또 수행생활을 등지고 외면하는 가운데 끊임없이 어두운 죄업만 짓는 단체 내지 개인을 가리켜 마의 굴에 들고 거기서 빠져나오지 못한 것이라 할 수 있다.

◇ 마魔의 굴窟에 들고 거기서 빠져나오지 못하는 단체 및 개인은 수도 없이 많다. 이를테면, 조직폭력배 및 보이스 피싱조직, 그리고 각종 범죄단체 내지 각종 범죄를 저지르는 개인들이 수도 없이 많은 것이 이 세계

의 현실이다.

◇ 이 세계에 태어나서 일상생활과 병행하여 수행생활을 실천하는 것은 무엇으로도 바꿀 수 없는 중요한 일이다. 그런데 그런 수행을 등지고 외면하는 가운데, 각종 범죄에 젖어들기를 반복한다면 어두운 죄업은 자꾸만 쌓이고, 목숨을 마친 뒤에는 인과의 법칙에 따라 지옥, 아귀, 축생의 삼악도三惡道에 떨어진다. 이것을 일컬어 마魔의 굴窟에 들어 빠져나오지 못하는 것이라 한다.

◇ 엄밀히 말하면 진리의 가르침을 만나지 못하므로 인하여 수행(닦음)을 등지고 외면하는 가운데, ① 돈버는 일과 ② 여행가고 노는 일과 ③ 잠자는 일과 ④ 자기 자신이

좋아하고 중독된 일에만 몰두하여 살아간다면, 축생의 삶과 별반 다를 것이 없다. 무슨 까닭인가 하면 진리에 눈뜨지 못하고, 미혹의 어리석음을 밝히는 수행의 중요성을 전혀 깨닫지 못하기 때문이다. 이 세계가 혼탁한 까닭에 그 혼탁함에 물이 들고 오염된 나머지 몸(身)으로 죄업을 짓고, 말(口)로서 죄업을 지으며, 뜻(意)으로서 죄업을 짓기 마련이다.

◇ 일상생활과 병행하여 수행이라는 목욕을 통하여 몸과 말과 마음으로 지은 죄업의 때를 밝히는 것이 중요한 것이다. 그런데 그런 수행생활을 외면하여 등지고 살아간다면 죄업은 자꾸만 쌓여서 목숨을 마친 뒤에는 인과의 법칙대로 악도惡道에 떨어진다는

것이 불교의 여러 경전 및 『금강경』의 교설
(가르침)이다.

◇ 러시아의 최고 권력자는 타의 추종을 불
허하는 권력의 소유자다. 명령 한마디로 수
십만의 러시아의 군인들을 우크라이나의
전쟁터로 몰아 넣어서 그 수를 알 수 없을
정도의 인명을 앗아가고 또 전 세계의 경제
에 막대한 손해를 입힌 러시아의 최고 권력
자는 그 권력이 엄청난 것이다. 뿐만 아니
라 재물도 엄청나게 많아서 부귀영화를 한
몸에 누리는 자라 할 수 있다. 혹 어떤 이들
은 그런 그를 두고, 천하의 행운아라 할지도
모른다. 그러나 그런 최고의 권력자라 할지
라도 『금강경』의 가르침을 만나서 그 뜻을
아는 것에 비하면 아무런 보잘 것이 없는 것

이다. 뿐만 아니라 최고로 불행한 사람이다. 무슨 까닭인가 하면 미혹의 번뇌와 망상과 어리석음이 충만한 마魔의 굴窟에서 벗어나지 못했기 때문이다.

◇ 러시아의 최고 권력자가 더할 수 없이 불행한 사람이라는 것을 밝힌다. 최고 권력자가 됨으로 인하여 70이 넘은 나이에도 불구하고 우크라이나의 요충지를 다 빼앗고자 하는 탐욕심이 발동하였다. 그리하여 전쟁을 일으켰고 그 과정에서 러시아의 군인들 중 20만 명 이상의 사상자가 발생하였다. 그리고 러시아의 군인들로부터 침공을 받은 우크라이나에서는 그 수를 알 수 없을 정도의 수많은 민간인들이 타국으로 피난길에 올랐고, 또 수많은 군인들과 민간인들이

죽어갔다. 러시아의 최고 권력자는 다량의 미사일로 우크라이나의 전력시설을 파괴함으로써 수백만의 우크라이나인들이 추위에 떨었고, 또 얼어 죽은 사람들도 부지기수다. 그렇게 패악무도한 전쟁범죄를 자행한 러시아의 최고 권력자는 형언할 수 없는 대죄악大罪惡을 저지르므로 인하여 목숨을 마친, 뒤에는 악하고 고통이 충만한 세계에 떨어져서 한량없는 세월동안 고통에 신음할 것이니, 어찌 최고로 불행한 사람이라고 하지 않을 수 있겠는가?

◇ 러시아의 최고 권력자 및 권력집단이 우크라이나를 침공하여 헤아릴 수 없는 인명을 앗아간 패악무도한 범죄 행위를 저지른 것은 어떠한 명분으로도 정당화 될 수 없다.

악마와도 같은 전쟁범죄를 자행한 최고 권
력자 및 그의 추종 세력들도 머지않아 건강
했던 몸은 꿈결처럼 지나가고 결국은 병이
들어 신음하다 죽어갈 것이다. 그들이 자행
한 만고에 씻을 수 없는 죄업으로 인하여 목
숨을 마친 뒤에는 지옥에 떨어지거나 또는
아귀세게(굶주리는 세계)에 떨어지거나 또는
축생도(축생의 세계)에 떨어져서 한량없는 세
월동안 형언할 수 없는 고통에 신음할 수밖
에 없다. 왜냐하면 인과응보의 법칙은 피할
수 없기 때문이다.

◇ 러시아의 최고 권력자가 애초에 『금강
경』의 교설을 얻어 만나서 그 뜻을 알고 진
리에 눈을 떴다면 그런 악마와도 같은 전쟁
범죄를 실행하지 않았을 것이다. 여기서 말

할 수 있는 것은 진리를 모르고 백년을 사는 것보다 진리를 알고 하루를 사는 것이 더 보람되고 가치 있는 것이다.『금강경』의 교설을 만나서 그 뜻을 알고 일상생활과 병행하여 수행생활을 실천하는 것이야말로 최고최상의 행운인 동시에 영원한 광명의 세계에 입성入聖하는 길임을 깨달아야 한다.

◇ 인과의 속박에서 벗어나고자 한다면 일상생활과 병행하여 게으름 없는 수행생활을 실천해야 한다. 그리하여 나我 없다는 무아無我의 경지에 들고, 미혹의 번뇌와 망상과 어리석은 마음의 집합체인 사상심四相心에서 벗어나 본래청정심本來淸淨心을 체득하고 무량무변공덕의 세계인 성불成佛에 도달해야 한다.

◇ 수행생활을 실천함으로 인하여 나我가 없다는 무아無我의 경지에 들지 못하면 일체 一切의 어리석은 마음의 집합체인 사상심四相心에서 벗어나지 못한다. 따라서 본래청정 심을 체득하지 못하므로 인하여 무량무변 공덕의 세계인 성불에 도달하지 못한다.

◇ 성불에 도달하면 영원하고 즐겁고 자유 롭고 깨끗한 경지가 끝이 없다. 무량한 광명 이 무량한 어두움을 일시에 몰아낸다. 마찬 가지로 성불에 도달하면 무량한 광명의 세 계에 입성入聖한 것이므로 억겁에 지은 죄업 이 일시에 소멸하여 흔적없이 사라진다. 여 기에 이르러 인과의 속박에서 완전히 벗어 남과 동시에 일체의 고통에서 완전히 벗어 난다. 다시 이르자면, 무량한 광명의 세계에

들어 즐거움이 충만한 것이다. 이것을 가리
켜 성불이라 한다.

6
—

『금강경』
수지독송의 공덕

◇ 설령 이 세계에서 가장 귀중한 금은보화를 산山 같이 쌓아놓고 어려움을 겪는 수많은 사람들에게 나누어 주어서 어려움을 구제한 보시布施의 공덕보다 더 큰 공덕이 있다. 바로 『금강경』의 교설(가르침)에 귀의하여 수행함과 아울러 다른 사람들을 교화한

공덕이 훨씬 더 크다는 것을 『금강경』의 여러 부분에서 밝히고 있다.

◇ 『금강경』의 교설을 읽어보고, 혹은 외워서 이해하고 받아 지니며, 그 가르침에 귀의하여 자기 자신의 수행에 정진하는 한편, 다른 사람들에게도 『금강경』의 가르침을 어느 일부분이라도 전하여 설명해 준다면 그 공덕이야말로 언설로서 다 말할 수가 없다. 무슨 까닭인가 하면 『금강경』의 가르침에 의하여 중생들이 성불成佛에 이를 것이기 때문이다.

◇ 성불成佛이란, 영원하고, 즐겁고, 자유롭고, 깨끗한 경지 즉, 무량무변공덕의 세계에 도달한 것을 말한다. 복덕이 무량하고 공덕

(깨달음)이 무량한 것이 성불이니, 이 보다 더 뛰어난 경지는 온 우주 어디에도 없다.

◇ 아상我相, 인상人相, 중생상衆生相, 수자상壽者相을 일컬어 사상심四相心이라고 한다는 것은 앞에서 이미 밝힌 바 있다.

◇『금강경』수지독송受持讀誦이란 사상심四相心을 일으키지 않는 마음으로『금강경』의 가르침을 받아들이는 것이 수受이다. 그리고 사상심을 일으키지 않는 마음으로『금강경』의 가르침에 귀의하는 것이 지持이고 사상심을 일으키지 않는 마음으로『금강경』의 가르침을 수시로 몇 번이고 읽어보아서 그 내용을 확연히 아는 것이 독讀이며 사상심을 일으키지 않는 마음으로『금강경』의

가르침을 실천 수행하는 것이 송誦이다.

◇ 사상심四相心 없는 마음으로 『금강경』을 수지 독송하면, 과거 전생 억겁에 지은 죄업이 소멸하고, 지옥, 아귀, 축생의 삼악도三惡道에 떨어지지 않는다. 뿐만 아니라 종극에 가서는 반드시 무량무변공덕의 세계인 성불成佛에 도달한다는 것이 『금강경』의 교설(가르침)이다.

◇ 아직 깨달음에 이르지 못한 소견으로 『금강경』의 교설(가르침)을 이리 저리 헤아려서 어떤 내용은 맞는 것 같고, 어떤 내용은 틀린 것 같다고 분별하는 마음으로 읽어보거나 외우지 말아야 한다. 신명을 다 바쳐 『금강경』의 교설에 귀의하는 마음이 지극

해야 하고, 밝고 맑은 청정심의 순수한 마음
으로 읽어보거나 외워야 한다.

7

바른 견해를
무너뜨리는 일

◇ 바른 견해見解를 무너뜨리는 일로서 제일
위험한 것은 사주·관상 및 점을 보러 가는
일이다. 사주·관상이나 혹은 점을 보러 갔
을 경우, 그 사람의 허점을 파고들며 현혹하
는 말을 마구 하면 웬만큼 불교를 공부했다
는 사람들도 마음이 현혹되고 함정에 빠지

고 만다. 이를테면, "댁의 집안에 원한 맺힌 귀신이 침입했으니, 액 막음을 하지 않으면 큰 손재수가 생기고 자녀들도 크게 다치는 일이 발생하겠습니다."이 말을 듣고 다음과 같이 묻지 않을 수 없다. "그럼 어떻게 해야 그런 액운을 막을 수 있겠습니까?" 이에 대한 대답으로, "시키는 대로 따르시면 해결할 수가 있습니다."라고 한다.

◇ 사주·관상 및 점을 보러 가는 일을 몇 번 거듭하다보면 습관이 되어 자주 자주 가게 된다. 결국은 그들의 현혹시키는 말에 빠져들어 바른 견해를 잃어버리고 만다.

◇ 부처님의 교설, 『경집』에 이르기를, "상서로운 점이나 천변지이의 점을 보거나 관

상을 잘 본다고 해도 안 된다. 길흉의 판단을 버리고 인과의 철칙대로 오직 선업善業을 짓고 공덕(깨달음의 길)을 닦는 자 만이 세상에서 바른 길을 가게 된다."라고 하였다.

◇ 부처님의 교설, 『견의경』에 이르기를, "종자를 심으면 심은 대로 생겨나듯이, 악업惡業을 지으면 재앙이 따라온다. 보시행布施行으로서 복업福業을 지음과 아울러 그 마음을 바르게 하면 복福은 저절로 따라온다. 복업을 짓지 않으면 따라올 복이 없는 것이니, 삼가 점쾌를 묻지 말라."라고 하였다.

◇ 과거 전생에 지은 악업惡業 내지 금생에 지은 악업으로 인하여 예기치 않은 불행과 마장이 밀어 닥친다. 그러므로 점쾌를 묻지

말고, 그 대신 보시행布施行을 닦음과 아울러 수행생활을 실행하면 액운과 마장이 물러 가고 앞날에 복된 과보가 도래한다. 이것이 누구도 어찌할 수 없는 인과의 법칙이다.

◇ 일상생활과 병행하여 수행생활을 이어 가는 불자들은 선업을 닦고 복을 지으므로 인하여 길상吉祥의 복을 받는다는 인과응보의 가르침을 믿어야 한다. 그리하여 사주 및 관상을 보거나 점을 보는 일에 마음을 빼앗 기지 않아야 한다. 무슨 까닭인가 하면 불교 의 바른 가르침을 따라 수행생활을 이어 가 는 이들이 사주 및 관상을 보거나 점을 보는 곳에 자주 가다보면 바른 견해가 무너져서 선업과 공덕을 닦지 못하고 자꾸만 어리석 음의 길로 빠져들기 때문이다.

◇ 무속인들이 자기의 집안에 불상을 모셔 놓고 사주 및 관상을 보거나 점을 보아주는 것을 목격하고, 불교의 사원寺院에서도 그런 일을 할 것이라고 지레 짐작하는 사람들이 있다. 그리하여 사원에 계신 스님들께 사주 및 관상, 또는 점을 보아줄 것을 요청하는 경우가 있다. 그러나 이는 스님들에 대한 큰 결례다.

◇ 세속의 일반불자들은 혹시라도 사원에 계신 스님들께 사주 및 관상, 그리고 점을 보아줄 것을 요청하므로 인하여 스님들의 수행 시간을 빼앗지 말아야 한다. 스님들은 진리의 가르침을 공부하여 자기 자신의 수행에 정진하는 한편, 세속의 불자들에게도 가르침을 전하여 수행생활을 실행하도록

인도하여 주시는 분들이다. 다시 이르자면 스님들은 세속의 일반불자들로 하여금 무량무변공덕의 세계인 성불成佛의 길로 인도하시는 존엄한 스승이다. 스님이라는 용어는 스승님을 줄인 말이다.

◇ 불교의 여러 경전에서 사주 및 관상, 그리고 점을 보는 일을 엄격히 금하고 있다. 무슨 까닭인가 하면 그것은 인생행로의 바른 길이 아니기 때문이다. 사주 및 관상, 그리고 점을 보는 일은 복업福業을 짓는 일에 손상을 가져오고, 영원한 광명의 세계에 드는 성불의 길에 손상을 가져올 뿐, 인생행로의 복덕과 광명을 불러오는 일에 전혀 공덕이 되지 않는다.

◇ 사주 및 관상 그리고 점을 보느라 몸과 마음을 수고롭게 하는 대신, 자기의 능력과 인과因果를 믿어야 한다. 또 억겁에 지은 악업惡業을 녹이는 수행이 따라야 한다. 무슨 까닭인가 하면 과거 전생 억겁에 지은 악업으로 인하여 액운과 마장이 도래하기 때문이다.

◇ 일상생활과 병행하여 『금강경』의 교설에 따라 수행생활을 이어가는 일이야말로 억겁에 지은 죄업을 소멸 시키는 일이다. 그리고 액운과 마장을 물리치는 일이고, 광명에 섭수되는 일이며 무량무변공덕의 세계인 성불成佛에 이르는 길이다.

8

바른 견해

◇ 불교에 입문入門한 불자佛子들이 우선적으로 갖추어야 할 마음가짐은 바른 견해見解 즉, 정견正見을 확립하는 일이다.

◇ 바른 견해를 확립하는 일이란, 첫째, 『금강경』의 교설을 배우고 익히며 기억해야 한

다. 둘째, 인과응보因果應報의 철칙을 믿어야
한다.

◇ 인과응보의 철칙이란, 불교에만 국한되
는 것이 아니다. 이것은 온 우주의 근본원리
로서 콩 심은 데 콩 나고 팥 심은 데 팥 나듯
이 선업善業을 쌓으면 공덕의 과보가 도래하
고, 악업惡業을 쌓으면 불행의 과보가 도래
하는 것이 인과응보의 원리다.

◇ 당나라 도인道人 한산자가 이르기를, "내
전생에 어리석었기에 금생에 이렇게 가난
했다. 오늘 또한 복업福業을 닦지 않는다면
내생 또한 이와 같으리"라고 하였다.

◇ 지나간 세상 과거 전생의 죄업으로 인하

여 응당 악도惡道에 떨어질 것이지만, 『금강
경』을 수지 독송한 공덕으로 인하여 과거
전생의 악업이 소멸되고, 아뇩다라삼먁삼
보리(무상정등정각)을 얻는다. 다시 이르자면
무량무변공덕의 세계인 성불成佛에 도달한
다.

◇ 인과란, 선업을 쌓으면 복福이 도래하고,
악업을 쌓으면 가난하고 불행한 과보가 도
래하는 것을 말한다. 그런데 인간사에서 벌
어지는 일들을 보면 인과의 법칙대로 되지
않는 것처럼 보이는 일들이 많다. 악업을 많
이 짓고 있음에도 재물을 모으고 부유하게
잘 사는 사람들이 있다. 그런데 이것은 인과
의 법칙이 틀린 것이 아니다. 과거 전생에
선업을 닦아 복을 지었으므로 인하여 금생

에 이르러 복을 받는 것이다. 그렇다고 금생에 쌓은 악업의 과보가 없어지는 것이 아니다. 전생에 지은 선업의 과보로 금생에 복을 다 받고 나면, 금생에 쌓은 악업의 과보는 금생의 말년에 받거나 아니면 내생에는 반드시 불행한 과보를 받을 수밖에 없다. 여기서 주목할 것은 인과응보의 법칙이 시차를 두고 도래하는 현상임을 잊지 말아야 한다.

◇ 중요한 것을 말하면, 나는 범부 중생이므로 성불成佛할 수 없을 것이라는 열등 의식을 버려야 한다. 그리하여 나도 성불할 수 있음을 믿어야 한다. 나我 역시 『금강경』의 교설을 배우고 익히며 수행을 거듭한다면 무량무변공덕의 세계인 성불에 도달할 수 있음을 확고히 믿어야 한다.

◇ 물러나지 않는 신심信心으로 『금강경』의 교설을 배우고 익히며 반드시 성불하겠다는 굳건한 서원誓願을 세우는 일이 중요하다. 그런데 바른 견해 즉, 정견正見이 무너지면 성불하지 못한다. 무슨 까닭인가 하면, 바른 견해가 무너지면 계속해서 육도윤회六道輪回의 세계에 속박되어 헤매기 때문이다. 그러므로 바른 견해를 확립하는 일이 무엇보다 중요하다. 우리들이 『금강경』의 교설을 배우고 익히며 기억해야 할 이유가 바로 여기에 있다. 『금강경』은 우리들로 하여금 바른 견해를 확립하여 성불에 이르게 하는 성불경成佛經이다.

◇ 『금강경』의 교설을 배우고 익히며 기억하고 실천하는 가운데 바른 견해가 확립되

고 수행의 중요함을 깨닫게 된다. 그리고 게으름 없는 수행으로 인하여 본래청정심本來清淨心을 체득하고 무량무변공덕의 세계인 성불成佛에 도달한다.

9
—

본래청정심
本來淸淨心

◇ 본래청정심本來淸淨心에 들었다는 것은 아
상我相, 인상人相, 중생상衆生相, 수자상壽者相의
사상심四相心에서 완전히 벗어나고, 또한 형
형색색의 모든 형상形相과 일체一切의 모습
에 집착하는 마음에서 완전히 벗어난 경지
를 말한다. 이러한 경지에 이르면 불가사의

하고 헤아릴 수 없는 무량무변공덕의 세계인 성불成佛에 도달한다.

◇ 본래청정심에 이르지 못하면 일체一切가 미혹迷惑이고, 미망迷妄이며, 망견妄見이고, 망상妄相이며, 환상幻相이다.

◇ 본래청정심에 이르면 사상심四相心과 일체一切의 망식妄識이 다 없어져서 오직 본래청정심이 원융무애圓融無碍하여 광명을 발산한다. 그러나 이 광명은 깨달음에 이르지 못한 범부 중생의 안목에는 잡히지 않는다.

◇ 깨달음에 이르지 못한 범부 중생은 아상, 인상, 중생상, 수자상의 사상심四相心과 마음에서 일어나는 온갖 의식意識을 나我라고 착

각한다. 하지만 이것은 실체없는 망견(妄見: 망령된 견해)이고, 망식(妄識:망령된 의식)이다. 즉, 이것은 참나가 아니다. 이와 같은 망견妄見과 망식妄識에서 벗어나지 못함으로 인하여 본래청정심에 들지 못하고 본래청정심이 있다는 것조차 모르고 있다.

◇ 거짓되고 망령된 망식妄識에 덮여 있어 본래청정심을 깨닫지 못한다. 부처님의 가르침이 없었다면 이 세계에서 그 누구도 무량무변공덕의 본체本體인 본래청정심이 있다는 것을 알지 못하였을 것이다.

◇ 본래청정심에 들지 못하고 감정과 탐욕의 혼돈 속에서 미혹과 망견妄見과 망식妄識을 참 나我로 착각하는 가운데 눈에 보이는

모든 형상形相에 대한 집착심으로 인하여 본래청정심이 덮여져 있으므로 중생이라 한다.

◇ 본래청정심이란,『열반경』의 가르침에 이르기를, 영원무궁토록 일체의 고통에서 벗어난 경지이다. 언제나 즐겁고, 언제나 자유로우며, 언제나 깨끗하고, 광명이 무량하여 끝이 없는 경지다. 이름 하여 즉, 성불이라 하였다.

◇ 본래청정심이란,『금강경』의 가르침에 이르기를, 본래청정심은 즉, 금강반야이고 무상정등정각이다. 복덕이 무량하고 광명이 무량한 경지를 중생의 안목으로는 헤아릴 수 없어, 불가사의한 경지다. 즉, 이것은

성불이라고 하였다.

◇ 중국 복건성 설봉산雪峯山 숭성사崇聖寺에서 수행에 정진하신 설봉 대사雪峯大師는 수행력修行力이 뛰어나기로 유명하였다. 목숨을 마친 뒤에는 육신이 부패하지 아니하여 등신불等身佛이 되었다. 그 설봉대사가 이르기를, 본래청정심이라고 하는 것은 즉, 성불의 경지다. 복덕이 무량하고 광명이 무량하며 대자유 대해탈의 경지가 불가사의하여 그 뛰어난 경지를 이 세계의 언어 문자로서 다 형언할 수 없다. 그러므로 성불에 도달한 경지를 이리 저리 마음으로 헤아리지 말고, 오직 수행에만 정진하여 본래청정심을 체득하고 성불에 도달하라고 하였다.

◇ 불교수행이란, 미혹과 어리석음의 집합체인 사상심四相心에서 벗어나 본래청정심을 체득하는 것이다.

◇ 본래청정심은 어떠한 형태形態에도 머물지 않고 원융무애圓融無碍한 깨달음이다. 다시 이르자면 본심本心, 본성本性, 본각本覺이다. 이러한 경지는 중생의 안목으로는 알 수 없고, 오직 부처님의 안목으로만 알 수 있다.

◇ 서기 800년대 중반, 중국에 세 분 도인道人이 계셨다. 흠산 대사欽山大師, 설봉 대사雪峯大師, 암두 대사巖頭大師가 물그릇을 앞에 놓고 마주 앉아서 담소談笑를 나누고 있었다. 그러다가 먼저 흠산 대사가 말하였다. "물

이 맑으면 달이 나타난다네." 다음엔 설봉 대사가 말하기를, "물이 맑으면 달이 사라 진다네." 이 말을 듣고서 이번엔 암두 대사 가 〈물그릇을 엎어 버렸다.〉 이 세 분 도인道 人들이 나타낸 언행言行이 무슨 소식일까?

◇ 앞에서 흠산 대사가 "물이 맑으면 달이 나타난다."고 한 것은 온갖 번뇌와 망상과 잡념이 사라진 곳에 본래청정심이 드러남 을 밝힌 것이다. 다음으로 설봉 대사가 "물 이 맑으면 달이 사라진다."고 한 것은 진실 로 밝고 맑아진 경지에서는 본래청정심이 라고 이름하여 일컬을 필요도 없음을 말한 것이다. 무슨 까닭인가 하면 본래청정심의 불가사의한 복덕과 대자유와 무량한 광명 은 이 세계의 말과 글로서 설명할 수 있는

한계를 뛰어 넘었기 때문이다. 그리고 암두 대사가 〈물그릇을 엎어 버린 행적〉은 무슨 소식일까? 본래청정심은 번뇌와 망상이 사라진 경지라느니, 혹은 맑고 깨끗한 경지라느니, 하는 등등의 분별심과 사량심思量心이 끼어들 틈이 없음을 보여준 것이다. 다시 이르자면 본래청정심은 이 세계의 말과 글로서 설명할 수 없는 경지여서, 오직 부처님의 경지에서만 알 수 있는 깨달음의 당처임을 밝힌 것이다.

◇ 앞에서 말한 세 분 도인道人 중 설봉 대사에 대하여 아주 간략히 밝히고자 한다. 설봉 대사는 17세에 스님이 되어 수행에 정진하였다. 87세가 되었을 때, 설봉 대사가 제자들에게 말하기를, "내가 숨을 거둔 뒤에 육

신은 부패하지 않을 것이니, 화장하지 말고 그대로 두어라"하고 명하였다. 그 뒤 오래도록 육신이 부패하지 아니하므로 중국의 황제(임금)는 당대에 이름난 석공들을 시켜서 아주 큼직한 석탑을 조성하였다. 그리고 설봉 대사의 부패하지 않는 육신을 그 탑에 봉안하도록 당부하였다. 그리하여 설봉 대사의 육신은 그가 생전에 수행하고, 수많은 제자들을 가르쳤던 중국 복건성 설봉산 숭성사崇聖寺 경내에 중국의 황제에 의하여 세워진 큰 석탑에 봉안되어 등신불等身佛이 되었다.

◇ 앞에서 말한 설봉 대사의 수제자로 운문 대사雲門大師가 있다. 운문 대사는 중국 강소성 지방에서 20세에 스님이 되었다. 그 후

중국 복건성 설봉산 숭성사崇聖寺의 설봉 대
사 문하에서 수행하였다. 그 후 60세 무렵
중국 광동성 운문산 광태선원光泰禪院에 주
석主席하면서 수행하였다. 그가 훗날 숨을
거둘 것에 대비하여 미리 석탑을 크게 조성
하고 그 석탑을 광태선원 경내에 세워 두었
다. 운문대사의 나이 86세에 이르러 제자들
을 모아 놓고 말하기를, "내가 숨을 거둔 뒤
에는 그 육신을 화장하지 말고 미리 세워둔
탑속에 봉안하라"고 명하였다. 그리하여 운
문 대사는 생전과 다름없는 생생한 모습으
로 가부좌하고 앉아서 천년이 훨씬 지난 현
재까지 등신불等身佛로서 후세 불자佛子들에
게 큰 귀감이 되고 있다. 등신불의 의미를
말한다면, 참 나我이자 일체 공덕의 본체本體
는 본래청정심에 들어 무량무변공덕의 세

계인 성불成佛에 도달하고, 그 육신은 등신
불等身佛이 되어 후세에 태어난 수많은 이들
을 교화하고 있다.

10

중생은 실체 없는 의식작용을 참나(眞我)라고 알고 있다

◇ 불교수행의 본체本體는 참 나我인 본래청정심本來淸淨心을 체득하는 것이다. 본래청정심에 들기 위해서는 미혹의 거짓된 마음이어떤 것인지 여실히 알아야 한다.

◇ 허깨비와 같이 거짓된 마음이란, 아상,

인상, 중생상, 수자상의 사상심四相心이다. 그리고 일체一切의 오염汚染된 의식작용意識作用들 모두가 다 거짓된 나我다. 거짓된 의식작용을 참 된 나我라고 착각하며 살아가는 것이 중생의 삶이다.『금강경』의 교설(가르침)은 허깨비와 같이 실체 없는 거짓된 마음에서 벗어나라는 것이다. 무슨 까닭인가 하면 미혹의 거짓된 마음이 참 나我인 본래청정심을 덮어버려서 본래청정심이 있는 줄 조차 모르고 살아가는 것이 범부 중생들이기 때문이다.

◇ 이 세계 어느 수행단체에서도 본래청정심本來清淨心을 체득하여 깨달은 바 없고, 본래청정심에 대하여 전혀 알지 못한다. 오직 부처님께서 무상정등정각無上正等正覺의 위없는

깨달음을 증득證得하시고, 본래청정심을 설說하셨다. 그런 부처님의 가르침이 없었다면 이 세계에서 살아가고 있는 어느 누구도 본래청정심에 대하여 알지 못했을 것이다. 일체의 거짓된 자아의식自我意識에서 벗어나 본래청정심에 드는 일이야말로 무량무변공덕의 세계인 성불成佛에 도달하는 것이라고 깨우치시는 부처님의 자비심에 어찌 감사와 찬탄과 예경을 드리지 않을 수 있겠는가.

◇ 아상, 인상, 중생상, 수자상의 사상심四相心과 미혹에서 일어나는 번뇌와 망상의 자아의식自我意識을 나我라고 착각하는 마음에서 벗어나야 한다.

◇ 일체一切의 오염汚染된 의식작용들이 모

두가 다 실체없는 거짓된 마음이다. 거짓된 마음을 나我라고 착각하는 마음에서 벗어나는 길은 거짓된 자기의 마음을 비우는 것이다. 거짓된 마음을 비워서 나我가 없는 무아無我의 경지에 들어야 한다. 수행이란, 미혹迷惑에서 일어나는 번뇌와 망상과 잡념의 자아의식自我意識을 완전히 비워서 무아無我의 경지에 드는 것을 말한다.

◇ 나我가 없는 무아의 경지에 들어도 본래청정심은 없어지지 않는다. 무슨 까닭인가 하면 본래청정심은 나의 본체本體이기 때문이다. 참 나我인 본래청정심에 드는 수행을 하지 않고, 바람 부는 대로 물결치는 대로 살아간다면 미망迷妄과 미혹迷惑의 어리석음으로 인하여 어두운 업業이 가중되어 쌓이

게 마련이다. 왜 그런가 하면 이 세계는 혼탁하고 사람들은 그 혼탁함에 물이 들기 마련이다. 그러므로 나我가 없다는 무아無我의 경지에 드는 수행을 거듭하여 어두운 업業을 밝혀야 한다.

◇ 이 세계를 살아가는 동안 자기도 모르는 사이에 악惡의 물이 든다. 그리하여 자기도 모르는 사이에 어두운 죄업이 쌓이게 된다. 그 죄업이 눈에 보이지 않으므로 마음에 두지 않고 살아가는 것이 일반적인 삶이다. 그런데, 그 어두운 죄업이 눈에 보이는 것이라면 산山과 같을 수가 있다. 여기서 인과因果의 법칙을 말한다면 보시행布施行으로서 복업福業을 닦으면 복된 과보가 돌아오고, 악업惡業을 지으면 불행한 과보가 밀어 닥치는

것이다. 이와 같은 인과의 법칙은 온 우주의
법칙이다. 그러므로 어두운 죄업이 쌓인 채
로 숨을 거둔다면 지옥, 아귀, 축생의 삼악
도三惡道에 떨어질 수 있음을 절실히 자각해
야 한다.

◇ 이 세계에 태어난 사람들이 무엇인가를
위하여 열심히 노력하고 살아가는 가운데
서도 예기치 않은 함정에 빠지고 내지 불행
과 마장이 밀어닥치는 경우가 많다. 이것은
과거 전생에 쌓아놓은 죄업으로 인하여 인
과의 법칙이 작용하는 것이다. 이 세계에 태
어난 사람들뿐만 아니라 모든 축생들에게
는 과거 전생에 지은 어두운 죄업이 많다.
그리고 이 세계에 태어나서 자기 자신도 모
르는 사이에 저질러지고 쌓여진 어두운 죄

업이 많다. 눈에 보이지 않지만 어두운 죄업이 산山같이 쌓인 채로 숨을 거둔 뒤에 땅속에 묻히거나 화장터로 간다면 그 육신은 흙으로 돌아가거나 불에 타 없어진다. 그러나 그 주인공 자리인 마음(자기의 본체)과 더불어 생전에 지어지고 쌓여진 어두운 죄업은 그대로 남아 인과응보의 법칙대로 불행한 과보를 받을 수밖에 없다. 생전에 쌓여진 어두운 죄업으로 인하여 지옥에 떨어지거나 혹은 아귀 세계에 태어나거나 축생의 몸으로 태어난다면 그 불행한 과보는 감당하기 쉽지 않다. 여기에 이르러 지혜로운 이라면 일상생활과 병행하여 수행을 해야만 하는 이유를 알 것이다.

◇ 아상, 인상, 중생상, 수자상의 사상심四相

心에서 일어나는 온갖 의식意識을 참된 나我로 알고 있으나, 이는 거짓된 식견識見이다. 그리고 허깨비와 같이 거짓되고 그 실체가 없는 미혹에 사로잡힌 번뇌와 망상의 자아의식自我意識은 거짓된 식견이다. 이와 같이 거짓된 식견과 의식에서 벗어나 나我가 없다는 무아無我의 경지를 체득하여 본래청정심에 들어야 한다.

◇ 본래청정심이란, 무량무변공덕의 세계인 성불成佛의 반열에 도달함을 말한다. 성불에 이르는 수행(닦음)은 그 누구도 대신하여 닦아 줄 수 없다. 부인이 남편을 대신하여 닦아 줄 수 없고, 남편이 부인을 대신하여 닦아 줄 수 없다. 오직 자기 자신의 수행의 공덕으로만 해결할 수 있는 문제다.

11

만나기 어려운
희유한 진리

◇ 희유한 진리란, 백천만 겁이 지나도록 얻어 만나기 어려운 진리의 가르침이란 뜻이고, 언설로 다 표현할 수 없는 귀한 진리의 가르침이란 뜻이다. 부처님 법(가르침)을 만났더라도 『금강경』의 교설을 바르게 해설해 주는 법사法師를 만나기는 정말 어려운

일이다. 그러므로 『금강경』을 가리켜 희유
한 진리의 가르침이라고 한다.

◇ 『아함경』에 맹구우목盲龜遇木의 비유가
나온다. 망망대해의 넓은 바다 속에 앞을 보
지 못하는 눈먼 거북이가 있다. 이 눈먼 거
북이의 소원은 구멍 뚫린 널빤지를 만나서
그 널빤지 구멍에 목을 쑥 밀어 넣어서 원
없이 푹 쉬어보는 것이다. 그러나 앞을 보지
못하는 눈먼 거북이가 그런 구멍 뚫린 널빤
지를 발견하기 쉬운 일이겠는가?

◇ 앞에서 맹구우목의 비유는 사람이 명이
다하여 숨을 거둔 뒤에 또 다시 사람으로 태
어나기가 어렵고, 또 부처님의 더없이 거룩
한 정법正法의 가르침을 만나기 어려운 것이

마치 맹구우목의 비유만큼이나 어렵다는
것을 말해주고 있다. 이와 같은 가르침을 생
각하면 우리 인생이 얼마나 소중한 것인가
를 실감하게 된다.

◇ 소중한 인생을 헛되이 흘려보내지 않으
려면 반드시 일상생활 가운데 수행의 시간
을 배정해야 한다. 일상생활이 너무 바쁘다
면 하루에 단 5분 동안만이라도 수행에 임
해야 한다. 그리고 시간이 허락한다면 하루
에 1시간 또는 그 이상의 수행하는 시간을
갖고 수행에 임하는 것이 바람직하다.

◇ 수행의 시간을 낼 수 있음에도 수행을
하지 않고 외면하는 이들이 수 없이 많다.
이를테면, 수많은 이들이 숨을 거두기 직전

까지 자기가 좋아하거나 중독된 일에만 매달리는 경우가 많다. 정치에 중독되고 바둑에 중독되며 낚시에 중독되고 음주에 중독되며 도박에 중독되고 온갖 게임에 중독되어 살아간다. 문제는 자기가 명이 다해 숨을 거두기 직전까지 좋아하거나 중독된 일에만 몰두하여 수행을 등지고 외면한다는 것이다.

◇ 이 세계에 사람으로 태어나서 절대로 중독되지 말아야 할 것은 마약 및 음주에 중독되지 말아야 한다. 그 이유는 마약 및 음주에 중독됨으로 인하여 지혜가 어두워지고 온갖 실수와 악행을 저지르기 때문이다. 또 중독되지 말아야 할 일들을 열거하면, 도박에 중독되지 말아야 하고, 다른 사람들을

괴롭히는 조직폭력배 내지 그와 유사한 단체를 만들거나 그런 단체에 가입하지 말아야 한다. 또 온갖 악행惡行과 범죄, 그리고 사람들을 함정에 빠뜨리는 일체一切의 마업魔業에 중독되지 말아야 한다.

◇ 앞에서 열거한 악행惡行은 『금강경』의 교설에 비추어 보면, 아상, 인상, 중생상, 수자상의 사상심四相心 속에 다 들어있다. 미혹과 번뇌와 망상의 어두운 마음의 집합체인 사상심에서 벗어나지 못하면 무량무변공덕의 세계인 성불에 도달하지 못한다. 뿐만 아니라 목숨을 마친 뒤에는 삼악도三惡道에 떨어진다. 다시 이르자면, 지옥에 떨어지거나, 아귀세계에 떨어지거나, 축생의 몸을 받아 이 세계에 다시 태어나게 된다.

◇ 한 국가의 최고 권력자가 다른 나라를 침공하는 것은 비유컨대, 어둠의 터널로 들어가는 것과 같은 마업魔業 가운데 하나이다. 『금강경』의 교설에 비추어 보면 어리석음의 집합체인 사상심四相心 가운데 하나인 인상人相의 범주에 속한다. 따라서 인상人相의 범주에서 벗어나지 못해도 성불하지 못한다. 한 나라의 최고 권력자가 다른 나라를 침공한다면, 그 패악무도한 전쟁범죄로 인한 참상은 언어言語로 다 형언할 수 없다. 그렇게 침공을 받은 국가에서는 수많은 난민이 발생하고 굶주리는 이들이 발생하며 수많은 부상자는 평생 불구자가 되고, 수많은 민간인들과 군인들이 죽어가기 때문이다. 그러므로 그 어떤 명분으로도 다른 나라를 침공할 수 없다. 그럼에도 불구하고 다른 나

라를 침공하여 수많은 사람들을 죽음으로 몰아간다면, 인과응보의 법칙대로 그가 숨을 거둔 뒤에는 지옥, 아귀, 축생의 삼악도 三惡道에 떨어져서 한량없는 세월 동안 그 삼악도에서 벗어나지 못한다.

◇ 만일 어떤 사람이 숨을 거둔 뒤에, 살아 생전에 자기 자신도 모르는 사이에 쌓여진 죄업으로 인하여 다시 사람의 몸을 받아 태어나지 못하고 축생의 몸을 받아 태어난다면 수행을 할 수 없으므로 인하여 탐하는 마음, 화나는 마음, 어리석은 마음의 삼독심 三毒心만 자라게 된다. 그리하여 어둡고 혼탁한 악업惡業의 늪으로 자꾸만 빠져들게 된다. 따라서 언제까지나 지옥, 아귀 또는 축생의 삼악도三惡道의 고통에 휩싸여 신음할

수밖에 없다. 그러므로 이 세계에서 수행을 할 수 있는 사람의 몸을 가지고 있을 때, 일상생활과 병행하여 꾸준히 수행을 해야 한다. 그리하여 과거 전생에서부터 금생에 이르기까지 탐하는 마음, 화내는 마음, 어리석은 마음으로 인하여 자기 자신도 모르는 사이에 저질러지고 쌓여진 죄업을 소멸시켜 맑혀야 한다.

◇ 과거 전생의 혼탁함에서부터 이 세상의 혼탁함에 오염汚染되어 자기 자신도 모르는 사이에 악하고 어리석은 마음이 증장됨으로 인하여 죄업이 쌓인다. 그로 인하여 이 세상에 신체장애자로 태어나기도 하고, 건강한 몸을 가졌다 하여도 이 세상을 살아감에 있어서 온갖 액운과 마장이 밀어 닥친다.

그리고 사기의 함정에 걸려들어 많은 액수의 금전을 날리기도 한다.

◇ 어떤 사람이 자기 자신의 몸에 때가 쌓이면, 자기 스스로 목욕을 해서 몸의 때를 씻어야만 한다. 그렇다면 과거 전생 억겁 전부터 금생에 이르기까지 저질러지고 쌓여진 죄업은 어떻게 씻어야 할까? 그것은 자기 스스로 수행이라는 마음의 목욕을 통하여 죄업을 소멸시켜 맑혀야 한다. 그리고 그 죄업은 마음으로부터 쌓여진 마음의 때이므로 육체의 육안으로 보이지 않는다는 것도 늘 자각自覺해야 한다.

◇ 자기 스스로 수행이라는 목욕을 통하여 죄업을 맑히지 아니하고, 어떤 초능력자가

있다고 믿고, 그에게 매달리고 기도한다고
해서 자기가 지은 죄업이 소멸되는 것이 아
니다. 수행은 자기 스스로 실천해야 한다.
아들이 지은 죄업을 어머니가 대신하여 소
멸시켜 줄 수 없고, 어머니가 지은 죄업을
아들이 대신하여 소멸시켜 줄 수 없다. 비
유컨대, 어머니가 아들의 밥을 대신 먹어 줄
수 없고, 아들이 어머니의 밥을 대신 먹어
줄 수 없다. 수행도 마찬가지여서 각자 자기
자신이 닦아야만 한다.

◇ 혼돈과 혼탁함이 이를 데 없고, 고통이
많은 이 세계에서 『금강경』의 교설을 만나
고 그 뜻을 아는 것만큼 다행스러운 일은 이
세계 어디에도 없다. 그 다행함을 절실히 마
음에 새기고, 일상생활과 병행하여 게으름

없이 수행생활을 이어가므로 인하여 자기 자신의 어리석은 마음을 굴려서 더없이 아름다운 마음으로 장엄시켜 나가야 한다. 그리하여 어두운 죄업을 소멸하여 맑히고, 훗날 명이 다하여 숨을 거둔 뒤에는 지옥, 아귀, 축생의 삼악도三惡道에서 영원히 벗어나야 한다. 그리하여 무량무변공덕의 세계인 성불成佛에 도달해야 한다.

12
—

수행
修行

◇『금강경』에서 일체一切 모든 상相이 비상 非相이라는 말은 아상, 인상, 중생상, 수자상의 사상심四相心이 실체 없는 무지개와 같아서 환상幻相임을 말한다.

◇ 나我의 실체를 몸의 형상이나, 말을 하는

자아의식自我意識을 나의 참된 실체로 알고 있는 것은 미혹迷惑이며, 진실 됨이 없는 삿된 견해다.

◇ 수행을 하지 않고 외면하여 살아간다면 중생심衆生心과 중생식衆生識이 굳어져서 거짓되고 환상幻相에 불과한 사상심四相心이 없어지지 않고 더욱 견고堅固하여 진다. 그리하여 무지개와 같이 거짓된 사상심에서 벗어나지 못하므로 인하여 한량없는 세월 동안 육도윤회의 괴로움에서 벗어나지 못한다.

◇ 나我는 항상 참된 나가 아닌 대상對象과 더불어 있다. 그리고 내가 머무르는 것과 집착 및 탐착하는 것과 더불어 있는 이것이 나다. 즉, 이것은 참된 나가 아니고 거짓된 나

다. 이것이 사상심四相心이다.

◇ 거짓된 나我를 벗어나는 길은 나 없다는 무아無我의 경지에 드는 수행이 있을 뿐이다. 참된 나를 깨닫는 길은 본래청정심을 체득하는 것 말고는 달리 길이 없다.

◇ 본래청정심本來淸淨心에 들기 위한 수행修行에 있어서 선禪 수행 및 염불수행念佛修行이 있다. 그리고 선禪 수행과 병행하여 염불수행을 한다면 나는 새의 양 날개와 같아서 금상첨화다.

◇ 선禪 수행이란 어떤 것인가? 선禪 수행에 있어서, 이뭣꼬?에 몰입하는 화두선話頭禪이 있다. 그리고 그 마음이 무념무상無念無想에

들어 있되, 흐리멍텅하거나 또는 졸지 않으면서 성성적적醒醒寂寂하게 깨어있는 묵조선黙照禪이 있다. 그런데 이와 같은 화두선과 묵조선은 세속에서 살아가는 일반불자들이 실천하기 어려운 수행이라 하여 이를 난행도難行道라 한다.

◇ 앞에서 말한 선禪 수행이 일반인들이 실천하기 어려운 난행도難行道임에 반하여 세속의 일반불자들도 비교적 실천하기 쉬운 선禪 수행이 있다. 바로 수식관數息觀 수행이다. 이 수행법은 들숨(들어오는 숨)과 날숨(나가는 숨)에 마음을 집중하여 알아차리되, 여기에 몰입하여 다른 생각이 끼어들 틈이 없어야 한다. 이와 같은 수행법도 선禪 수행이다. 그 근거로서 『안반수의경安般守意經』에 이르

기를, "좌선수식에서 선정禪定의 마음을 얻어야 한다. 좌선수식에 든 때가 바로 선정禪定의 마음이다."라고 하였다. 그러므로 단정히 앉아 들숨과 날숨을 알아차리고 거기에 몰입하는 것은 선禪 수행이다.

◇ 아상, 인상, 중생상, 수자상의 사상심四相心에서 벗어나 무아無我의 경지에 드는 수행이 거듭되는 것은 생멸生滅 없는 대자유의 각성覺性에 이르는 수행이므로 이것은 선禪 수행이다. 그러면서 동시에 염불念佛 수행이다. 무슨 까닭인가 하면 일체의 미혹迷惑에서 벗어난 마음이 염불念佛이기 때문이다.

◇ 사상심四相心에서 벗어난 것은 일체의 분별심分別心과 생멸심生滅心이 끊어진 생멸없

는 대자유의 청정성淸淨性이므로 이것은 선
禪 수행이다. 그러면서 동시에 염불念佛 수행
이다. 무슨 까닭인가 하면 역시 일체의 미
혹迷惑에서 벗어난 마음이 염불念佛 이기 때
문이다.

◇『금강경』에서는 "아뇩다라삼먁삼보리
심"을 발發하라는 가르침이 자주 나온다.
"아뇩다라삼먁삼보리"는 위없는 깨달음 즉,
무상정등정각無上正等正覺을 의미한다. 그런
데, 여기에 심心자가 따라 붙어서 "아뇩다
라삼먁삼보리심"의 뜻은 부처님 본체本體의
마음을 염念하여 끊어짐이 없는 수행을 거
듭하라는 것이다. 즉, 부처님 마음과 자기의
마음이 완전히 하나가 되는 경지에 드는 수
행을 거듭하라는 것이니, 이것이야말로 진

정한 염불念佛 수행이다. 무슨 까닭인가 하면 일체의 미혹에서 벗어난 마음이 진정한 염불이기 때문이다. 따라서『금강경』의 교설은 선禪 수행인 동시에 염불念佛 수행이다.

◇ 불교의 모든 교설에서 선禪 수행도 부처님의 가르침이고, 염불 수행도 부처님의 가르침이다. 따라서 선禪 수행을 통하여 삼매三昧에 드는 것이나, 또는 염불 수행을 통하여 삼매三昧에 드는 것은 다 같은 의미를 지닌다.

◇『금강경』의 여러 부분에서 아뇩다라삼먁삼보리심을 내어야 한다고 중생들에게 당부하고 있다. 아뇩다라삼먁삼보리심이란, 부처님 자체인 동시에 참 나我인 본래청

정심이 완전히 합일合―되어 하나가 될 때, 그것이 진정한 염불 수행이다. 그러므로 『금강경』의 교설(가르침)에는 선禪 수행만 있고, 염불 수행은 없는 것이라고 고집해서는 안된다. 『금강경』에서도 염불 수행은 원융무애圓融無碍하게 상통하는 가르침이다.

◇ 선禪 수행과 병행하여 염불 수행을 하는 것은 더 없이 바람직한 것이라고 앞에서 이미 말한 바 있다. 중국에서 수행력修行力이 뛰어나기로 유명한 선도대사善導大師도 선禪 수행과 병행하여 염불 수행을 강조하였다.

◇ 염불 수행에 있어서도 선禪 수행과 마찬가지로 그 마음이 흐리멍덩하거나 졸고 있지 아니하고, 항상 깨어있는 마음으로 염불

수행을 해야 수행에 진전이 있고 공덕이 있는 것이다.

◇ 『화엄경華嚴經』의 교설敎說에, "부처님 바로 다음의 지위 즉, 부처님 버금가는 십지보살十地菩薩은 처음부터 끝까지 염불수행念佛修行을 떠나지 않는다."라고 하였다.

◇ 현시대에 대한민국(KOREA)에서 행하여지고 있는 염불수행의 방법은 나무아미타불南無阿彌陀佛, 또는 아미타불阿彌陀佛, 무량광불無量光佛, 관세음보살觀世音菩薩, 지장보살地藏菩薩 중에 한 분을 선택하여 그 명호名號를 끊임없이 반복하여 계속적으로 염송(부르는 짓)하는 것을 염불수행이라 한다. 소리 내어 부르거나 또는 마음속으로 부르거나 염불수행

인념佛修行人의 편의에 따라 염송하면 된다.

◇ 앞에서 열거한 불·보살님의 명호名號 중
어느 한 분을 선택하여 시간이 허락하는 한
도에서 끊임없이 반복하여 염송해야 한다.
그 공덕에 있어서는 어느 불·보살님의 명
호名號를 선택하여 불러도 그 공덕은 모두가
다 똑같다. 무슨 까닭인가 하면 무량광불은
아미타불의 다른 이름이고, 관세음 보살과
지장 보살은 아미타불의 화현化現으로 나투
신 보살들이기 때문이다.

◇ 육도윤회六道輪廻의 세계에서 벗어나 영
원토록 무량무변공덕의 세계에 드는 길은
일상생활 속에서 수행의 시간을 배정하고
게으름 없이 나我가 없다는 무아無我의 경지

에 드는 수행을 계속해야 한다. 무아無我의 경지에 드는 수행이 바로 들숨과 날숨에 마음을 집중하는 수식관數息觀의 선禪 수행과 병행하여 염불수행을 하는 것이다. 예컨대, 아침 시간에 수식관의 선禪 수행을 하였다면 낮 시간이나 또는 저녁 시간에 염불수행을 하는 것을 두고 선수행과 병행하여 염불수행을 하는 것이라 한다.

◇ 염불수행을 실천함에 있어서, 가령 아미타불을 택하여 염송(부르는 짓)하기로 작정했다면 계속해서 아미타불을 부르면 되고, 관세음보살을 택하여 염송하기로 작정했으면 계속해서 관세음보살을 부르면 된다. 예컨대, 아미타불을 계속해서 부르기로 작정했다면 오직 일념一念으로 아미타불을 염송하

되, 아미타불과 자기의 마음이 완전히 하나가되어 다른 생각이 끼어들 틈이 없어야 한다. 처음에는 잘 안되지만 계속해서 수행을 하다보면 아미타불과 자기의 마음이 완전히 하나가 되는 경지에 이른다. 이것이 염불삼매念佛三昧에 드는 수행이다. 염불삼매는 모든 삼매三昧의 왕王이라고 하여 보왕삼매寶王三昧라고도 한다.

◇ 『대지도론大智度論』에 이르기를 "염불삼매는 능히 모든 번뇌와 지나간 세상의 모든 죄업을 소멸시켜 준다. 모든 삼매 중에서 염불삼매만큼 복덕을 지니고 모든 죄업을 없애줄 수 있는 삼매三昧는 없다."라고 하였다.

◇ 나무아미타불南無阿彌陀佛의 뜻을 밝히고

자 한다. 나무南無는 온 생명을 다 바쳐 귀의
하다. 즉, 목숨 바쳐 귀의하다. 라는 뜻이다.
아미타阿彌陀는 무량무변공덕의 세계를 뜻
한다. 불佛은 원만하고 원융무애하며 위없
는 깨달음이란 뜻이다. 그러므로 나무아미
타불의 뜻을 제대로 밝히면, 〈무량무변공덕
의 원만하고 원융무애하며 위없는 깨달음
에 목숨 바쳐 귀의합니다.〉라는 뜻이다.

◇『금강경』의 교설에, 아뇩다라삼먁삼보리
는 무상정등정각無上正等正覺을 의미한다. 무
상정등정각을 풀이하면, 무량무변공덕의
원만하고 원융무애하며 위없는 깨달음이란
뜻이다. 그러므로『금강경』의 아뇩다라삼먁
삼보리와『무량수경』의 아미타불은 그 뜻
이 원융무애하게 상통한다.

◇『대집경大集經』에 "불교가 쇠퇴하는 말법 시대에는 염불수행에 의지해야 생사윤회를 벗어날 수 있다."고 하였다.

◇ 염불삼매念佛三昧에 들면, 아상, 인상, 중생상, 수자상의 사상심四相心에서 벗어나 손해와 이익에 마음을 두지 않고 언제나 마음이 밝고 맑아서 늘 마음이 평안하다. 그리고 종극에는 아뇩다라삼먁삼보리(무상정등정각)을 증득한다.

◇ 부처님께서 우주를 관통하는 위없는 깨달음으로 인하여 본래청정심을 체득하시고, 중생들 모두에게 본래청정심이 감추어져 있음을 설파하셨다. 다만 중생들에게는 어리석음의 탐욕과 집착과 성냄과

번뇌와 망상과 잡념의 온갖 망식妄識에 덮여 있어서 본래청정심을 체득하지 못한다고 하셨다.

◇ 일체의 어리석은 망식妄識이 걷히면 누구나 본래청정심을 체득하여 무량무변공덕의 세계인 성불成佛에 도달한다. 이와 같은 가르침은 이 세계 어느 수행 단체에서도 밝힌 바 없다. 오직 부처님께서만 밝히신 교설이다. 이 교설에 의하여 수많은 수행인들이 본래청정심을 체득하여 영원하고 즐겁고 자유롭고 깨끗한 경지가 끝이 없는 무량무변공덕의 세계인 성불成佛에 도달하였다. 어찌 부처님의 중생구제의 자비심에 감사하고 찬탄하지 않을 수 있겠는가?

◇ 본래청정심本來淸淨心이란, 무량무변공덕의 세계인 성불成佛에 도달함을 말한다. 이제 그 성불에 이르신 등신불等身佛에 대하여 밝히고자 한다. 중화민국 대만의 자항법사의 등신불에 대해서는 필자의 책『인생최상의 목적』에서 밝혔으므로 여기서는 중국에서 출생하고 중화민국 대만으로 건너와서 수행에 정진하신 청엄 법사의 등신불에 대하여 다음과 같이 밝힌다.

◇ 청엄 법사淸嚴法師는 중국에서 태어나 14세에 고담사에 출가하여 스님이 되기 위한 공부에 들어갔다. 18세에 중국 호북성 귀원사歸元寺에서 정식으로 스님이 되었다. 그리고 수행에 게으르지 않았다. 25세 때, 홍콩으로 와서 불교연구소에서 불교 학문을 수

학함과 병행하여 선禪 수행을 하였다. 31세 때, 대만으로 와서 해장사海藏寺를 창건하고 이번에는 단순히 선禪 수행만을 고집하지 않았다. 선禪 수행과 병행하여 염불수행念佛修行에 정진하였다.

◇ 청엄 법사는 그의 나이 50세가 되기 전에 제자들에게 이르기를, "내가 앞으로 한 달 후에 숨을 거두어 앉은 자세로 입적할 것이니, 일체의 장례절차를 밟지 말라. 큰 항아리 속에 나의 육신을 안치하고 6년이 지난 후에 열어보아라. 육신은 부패하지 않고 생생한 모습을 유지할 것이니, 그 육신에 금분을 입혀 개금하라. 그런 다음 이에 걸 맞는 탑이나 또는 방을 마련하여 봉안하라."

◇ 앞에서 청엄 법사의 유촉대로 일은 차질없이 진행되었다. 그리하여 70년이 지난 현재까지 생생한 모습을 유지하고 있다. 이러한 모습을 나투신 것은 청엄 법사의 본체本體에

청엄 법사의 등신불

해당하는 본래청정심은 무량무변공덕의 세계인 성불成佛에 도달하였음을 알려주는 소식이다. 그리고 그 육신은 부패하지 아니하므로 이를 등신불等身佛이라고 한다. 남녀노소 할 것 없이 대만의 수많은 사람들이 청엄 법사의 등신불에 참배하고 있고, 그로 인하여 수많은 사람들이 불교에 귀의하고 있다.

◇ 한국인大韓民國人 출신 등신불이 계시니, 바로 지장 법사地藏法師다. 지장 법사는 신라 시대 때, 효소왕의 왕자王子로 태어났다. 중국으로 건너가 구화산에서 75년간 수행에 정진하였다. 99세에 입적하기 직전에 제자들에게 이르기를, "내가 앉은 자세로 숨을 거둔 뒤에 3년이 경과한 후에도 육신은 부패하지 않을 것이니, 등신불等身佛로 봉안하라." 그리하여 1,200년이 지난 현재까지도 생생한 모습으로 중국의 구화산 〈육신보전〉에 등신불로 봉안되어 있다.

◇ 우리들의 선배이신 도인道人들께서 평생을 게으름 없이 수행에 정진하신 결과 그 마음(자기의 본체)은 본래청정심을 체득하여 무량무변공덕의 세계인 성불의 반열에 들고,

그 육신은 등신불等身佛로 나투어 후세에 태어난 사람들에게 크나큰 수행의 귀감이 되고 있는 등신불의 수數를 여기에 밝힌다. 대한민국大韓民國 태생으로서의 등신불이 계시니, 바로 앞에서 밝힌 지장 법사地藏法師의 등신불이다. 그리고 중국에 10인의 등신불이 계시고, 중화민국 대만에 3인의 등신불이 계시며, 홍콩에 1인의 등신불이 계시고, 베트남에 1인의 등신불이 계신다. 일본日本에는 불교가 융성한 나라답게 21인의 등신불이 계신다. 즉, 일본 최초의 등신불은 서기 1003년 6월에 입적하신 증하 대사增賀大師다. 이후로 20인의 등신불이 모습을 나투어, 모두 21인의 등신불이 일본에 계신 것이다.

◇ 불교수행은 수행을 한 만큼 공덕이 있는

것이다. 수행정진의 결과로서 나투어지는 등신불의 경이로움이란, 불가사의한 것이다. 이러한 등신불의 경이로움을 보더라도 불교의 교설(가르침)이 결코 헛된 것이 아니라는 것을 알고도 남음이 있다.

◇ 이 시대를 살아가는 수많은 사람들이 일체一切의 거짓된 미혹迷惑과 망식妄識 즉, 망령된 의식意識에서 벗어나 본래청정심에 드는 수행이야말로 인생의 본분사本分事라는 것을 깨닫지 못한다. 그리하여 정치에 중독된 사람들은 말년이 지나도록 정치에만 매달리며, 낚시에 중독된 사람들은 말년이 되어서도 낚시에만 몰두한다. 이 시대를 살아가는 대다수의 사람들이 자기 자신이 좋아하고 중독된 일에만 정신이 팔려 불교의 교

설(가르침)을 만날 수 있는 기회 마져 뿌리친다. 따라서 본래청정심에 드는 수행을 전혀 하지 않는다. 닦음을 행하는 일을 외면하고 방일하게 세월을 보내다 숨을 거둔 뒤에는 어찌하려 하는가?

◇ 재산이 많아도 그 사람의 존엄과 가치를 대변하지 못한다. 무슨 까닭인가 하면 인생이 짧음과 같이 재물도 순간에 머물기 때문이다. 수행이 없으면 악업惡業이 쌓이므로 인하여 인과의 법칙대로 숨을 거둔 뒤에는 악도惡道에 떨어지는 것을 면하지 못한다. 반면에 영원토록 무량무변공덕의 세계에 드는 길은 일상생활과 병행하여 수행생활을 이어가는 것뿐이다.

13

중요한 것은
수행이다

◇ 수행을 외면하고 등지는 것은 어둡기 짝
이 없는 마魔의 굴窟에 드는 것과 같다. 반면
에 게으름 없이 수행 정진하는 것은 광명이
넘치는 보배의 동산에 오르는 것과 같다.

◇ 이 세계에서 가장 지혜로운 사람은 어떤

사람일까? 그것은 자녀 권속을 두고, 재물과 명예만을 구하기 위해 이 세계에 태어난 것이 아니고, 수행정진을 이어가는 일에도 노력을 기울이기 위해 이 세계에 태어났다는 것을 자각自覺하는 사람이야말로 가장 지혜로운 사람이다. 엄밀히 말하면, 번뇌와 망상妄相의 소꿉놀이에만 몰두하기 위해 이 세계에 태어난 것이 아니고, 수행을 하기 위해 이 세계에 태어났다는 것을 깨달은 사람이야말로 가장 지혜로운 사람이다.

◇ 이 세계는 끝없이 혼탁하다. 세계 여러 나라 곳곳에 흉악범죄 단체가 존재하고, 자본주의 진영과 사회주의 진영의 국가 간 대립이 매우 혼탁하다. 러시아의 권력자와 권력집단이 비인간화非人間化의 길에 들고, 서

기 2022년 상반기에 우크라이나를 침공하여 그 나라의 요충지를 다 빼앗고자 벌이는 전쟁이야말로 이 세계의 혼탁한 양상의 극치다.

◇ 혼탁한 생활상은 가정집에서도 연출되는 경우가 많다. 이를테면, 부부가 생활하는 가정에서 남편이라는 이가 술만 마셨다하면 힘 약한 아내를 구타하여 폭력을 행사함으로써 아내를 굴복시키고 지배하려는 남편들이 이 세상에는 흔히 있다. 그런데, 이러한 남편들이 『금강경』의 교설을 얻어 만나고 그 뜻을 제대로 안다면 자기 아내에 대하여 폭력을 행사하지 않을 것이다. 왜냐하면 힘 약한 아내에게 폭력을 행사하는 것은 스스로 비인간화의 길에 들어 축생이나 다

름없는 어리석음의 극치이고, 그 과보로 목숨을 마친 뒤에는 축생으로 태어날 것을 잘 알 것이기 때문이다.

◇ 이 세계가 혼탁한 까닭에 인생을 살아가는 동안 몸에 때가 쌓이게 마련이니, 수시로 목욕을 해서 맑혀야 한다. 마찬가지로 인생을 살아가는 동안 자기 자신이 알게, 모르게 몸으로 죄업을 짓고, 언어言語로 죄업을 지으며 마음으로 죄업을 지으며 살아가기 마련이다. 그러므로 일상생활과 병행하여 수행이라는 목욕을 행하므로 인하여 어두운 죄업을 맑히고 소멸시켜야 한다. 무슨 까닭인가 하면 혼탁한 이 세계에서 수행을 하지 아니하고 무량무변공덕의 세계인 성불에 이르는 길은 없기 때문이다.

◇ 무량무변공덕의 세계인 성불에 도달하는 수행은 저마다 자기 자신이 해야 한다. 이러한 수행은 가족 중에 누가 대신하여 대리수행을 해주지 못한다. 이것이 자기가 닦아서 자기가 공덕의 과보를 받는 인과의 법칙이다. 그러므로 가정에서 남편이나 또는 부인이 참된 불자佛子가 된 처지라면, 사랑하는 가족들을 제각각 다 자기 스스로 수행에 임하는 참불자로 키워갈 것을 생각해야 한다. 그것이 어려운 일일지라도 좀 더 연구하고 노력을 기울여야 한다. 그리하여 가족들을 참불자로 성장시켜야 한다.

◇ 이 세상에 살아있을 날이 얼마 남지 않았음을 직감한 어떤 이가 생각하기를, 〈나는 자녀들을 잘 키웠고, 이제 자기에게 남은 것

은 자녀들뿐이다.)라고 착각하는 이가 있을
지 모른다. 그러나 자기 자신이 명이 다함과
동시에 문자 그대로 자녀들과 이별하는 것
이다. 자기 자신의 몸도 끝내 자기의 것으로
남지 않는데 어찌 자녀들이 자기의 것으로
남을 수 있겠는가? 자녀 권속들과 소유하고
있던 모든 재산도 살아생전에 잠시 인연했
던 것뿐이다. 명이 다한 후에 자기에게 남아
있는 것은 아무것도 없다.

◇ 애초에 영원히 자기의 소유물이라고 할
만한 것이 아무것도 없다. 이것을 『반야심
경』에서는 일체개공一切皆空이라고 하였다.

◇ 일장춘몽과 같이 순간에 불과한 이 세계
에서 재물과 자녀 권속들에 집착하느라 수

행을 외면하고 등지며 살아간다면 그것은 마치 꿈속에서 잠시 나타난 보물을 잡으려고 집착하다가 결국 아무것도 얻지 못하고 영겁에 걸쳐 누릴 수 있는 아주 큰 보배의 산山을 잃어버리는 것과 같다.

◇ 이 세계에 태어난 사람들이 제각각 다 자기 자신의 몸에 때가 쌓이면 자기가 수시로 목욕을 해서 깨끗이 씻어야 한다. 이와 달리 어떤 초능력을 가진 이가 있다고 믿고 그에게 매달리며 기도하되, 〈초능력의 님이시여! 제 몸에 쌓인 때를 대신하여 씻어주소서, 그리하여 주시면 평생토록 초능력님을 받들어 신봉하겠습니다.〉라고 매달리며 기도해도 초능력의 그가 내 몸의 때를 대신하여 씻어주지 못한다.

◇ 바로 앞에서 말한 바와 마찬가지로 사람들에게 있어서 제각각 다 자기 자신이 알게, 모르게 저질러지고 쌓여진 죄업은 자기 스스로 수행을 통하여 맑히고 소멸시켜야 한다. 이와 달리 어떤 초능력을 가진 이가 있다고 믿고, 그에게 매달리며 기도하되, 〈초능력을 가지신 님이시여! 제 자신이 지은 죄업이 많습니다. 저로 인하여 저질러지고 쌓여진 죄업을 대신하여 소멸시켜 주소서.〉하고 아무리 매달리며 기도해도 초능력의 그가 나를 대신하여 죄업을 씻어주지 못한다. 비유컨대, 초능력의 그가 나를 대신하여 밥을 먹어주지 못하는 것과 같다. 마찬가지로 내가 지은 죄업은 내 스스로 수행이라는 목욕을 통하여 소멸시킬 수밖에 없다.

◇ 콩 심은 데 콩 나고, 팥 심은 데 팥 난다, 초능력의 어떤 이가 있다고 하여도 콩 심은 데 팥이 달리게 할 수는 없다. 초능력의 어떤 이가 있다고 할지라도 인과의 법칙은 어찌하지 못한다. 무슨 까닭인가 하면 인과의 법칙이 바로 진리이기 때문이다.

◇ 이 세계에 태어난 사람들에게는 과거 전생 억겁 전부터 저질러지고 쌓여진 죄업이 있다. 그 죄업으로 인하여 금생을 살아가는 데 많은 장애가 발생한다. 사기를 당하기도 하고 함정에 빠지기도 한다. 그러므로 억겁 전부터 저질러지고 쌓여진 죄업을 자기 스스로 수행이라는 목욕을 통하여 소멸시켜야 한다.

◇ 혼탁한 이 세계에 태어나서 일상생활과 병행하여 수행생활이 요구되는 까닭은 무엇인가? 과거 전생 억겁 전부터 금생에 이르기까지 지어지고 쌓여진 죄업을 맑히기 위해 수행생활이 요구된다. 그리고 혼탁한 세파에 오염된 마음을 맑히기 위해 수행생활이 요구되고, 목숨을 마친 뒤에 지옥, 아귀, 축생의 삼악도三惡道에 떨어지지 않기 위해 수행생활이 요구된다. 그리고 나의 거짓되고 어리석은 마음를 비워서 나我가 없다는 무아無我의 경지를 체득하고, 사상심에서 벗어나 본래청정심에 들어 무량무변공덕의 세계인 성불에 도달하기 위해 수행생활이 요구된다.

◇ 이 세계에 얻어 만나기 어려운 사람의 몸

을 받고 태어나서, 돈 버는 일과 먹는 일과 잠자는 일과 여행가고 노는 일과 자기 자신이 중독된 일에만 정신을 빼앗겨, 수행생활은 등지고 살아간다면 허송세월 한다는 관점에서 축생의 삶과 무엇이 다른가?

◇ 수행생활을 외면하여 살아간다면 귀중한 인생의 가치를 살리지 못하고 헛되이 세월만 보내는 것이다. 무슨 까닭인가 하면 수행생활을 등지고 살아가는 사람들에게는 자기도 모르는 사이에 저질러지고 쌓여진 죄업으로 인하여 인과의 법칙대로 액운과 마장이 도래할 뿐만 아니라 영원한 광명의 길이 막혀버리기 때문이다.

14
—

무아
無我

◇ 불교수행은 아상, 인상, 중생상, 수자상
의 사상심四相心에서 벗어나는 것이다. 사상
심이란, 미혹迷惑과 미망迷妄의 탐착과 집착
과 애착과 번뇌와 망상 등等, 일체一切의 어
리석은 마음을 말한다. 이러한 어리석음에
서 완전히 벗어난 경지를 무아無我라 한다.

다시 이르자면, 일체의 어리석은 마음을 완전히 비워서 거짓된 나我가 전혀 없다는 것이 무아다.

◇ 범부 중생에게 나我라고 할 만한 것이 없다. 무슨 까닭인가 하면 사상심四相心이 참나를 집어 삼켜버려서 참 나를 잃어버렸기 때문이다. 그러나 나我가 없다는 무아의 경지에 들고, 사상심에서 벗어나 깨달음을 증득證得한 후에는 참 나가 있다. 그 참 나我가 바로 본래청정심이다.

◇『금강경』의 교설을 어느 한 부분이라도 그 뜻을 알고 수시로 수지 독송受持讀誦 한다면 무량무변공덕의 세계에 든다고 하였다. 그러므로 바로 이책,『금강경』의 핵심 교설

을 말하다. 를 가지고 그 뜻을 새기며 매일 같이 열심히 읽어보거나 또는 외울 수 있는 정도까지 독송讀誦 한다면, 금은보화로 이루어진 큰 산山을 소유하게 된 것 보다 더 큰 행운이다. 무슨 까닭인가 하면, 이러한 공덕으로 억겁에 지은 죄업이 소멸되고 미혹의 어리석은 사상심에서 벗어나 종극에는 성불에 도달할 것이기 때문이다.

◇ 범부 중생은 미혹의 거짓된 마음에서 일어나는 자아의식自我意識을 참 나라고 착각한다. 그런 착각에서 벗어나기 위해 나我 없다는 무아無我의 경지에 드는 수행을 물러남이 없이 실천해야 한다. 그리하면 사상심에서 벗어나 본래청정심에 들어 무량무변 공덕의 세계인 성불成佛에 도달한다는 것이

『금강경』의 교설이다.

◇ 다시 또 무아를 말한다. 무아無我란 어떤 것인가? 혼탁한 이 세계의 말과 글을 가지고 무아를 제대로 설명하기는 불가능하다. 그렇더라도 말과 글을 빌리지 않고는 아직 깨달음의 문門에 들지 못한 이들을 교화하지 못할 것이므로 부득이 이 세계의 말과 글을 빌려 무아를 설명해 본다. 무아無我란, 나는 나고 너는 너라고 분별하여 나의 이익만을 탐하는 마음에서 완전히 벗어난 자리가 무아다. 또 사상심四相心에서 벗어난 자리가 무아이고, 일체의 미혹된 마음에서 벗어난 자리가 무아다. 그리고 삼라만상 두두물물이 실체 없음을 깨달음이 무아다.

◇ 아상, 인상, 중생상, 수자상의 사상심四相心에서 완전히 벗어나 무아의 경지에 들어야 본래청정심을 체득하여 무량무변공덕의 세계인 성불成佛에 도달한다. 무아의 경지에 들어도 본래청정심은 없어지지 않는다. 무슨 까닭인가 하면, 본래청정심本來淸淨心은 나의 본체本體인 동시에 일체공덕의 본체이기 때문이다.

15

『금강경』의
교설을 따라 수행생활을
실행한 공덕

◇ 미혹迷惑의 어리서은 마음에 사로잡혀 살아가는 사람들은 누군가로부터 『금강경』의 교설(가르침)을 전해 받고도 『금강경』을 가까이 하지 않고, 읽어보지도 않으며, 그 뜻을 기억하고 외우는 일이 없다. 이러한 이들은 자기를 위해서도 『금강경』의 교설을 수지

독송受持讀誦하지 않고 타인을 위해서도 『금강경』의 교설을 전하지 못하며 그 뜻을 설명해 주지 못한다. 무슨 까닭인가 하면, 미혹의 어리석은 마음에 사로잡혀 눈에 보이는 것만 인정하고 당장 눈에 들어오지 않는 문제에 대해서는 아예 외면하고 등을 돌리는 일이 업業이 되고 습관화 되어있기 때문이다.

◇ 아직 깨달음에 이르지 못한 범부 중생은 흔히 이 세계에서 부귀영화를 누리며 살아가는 것만으로도 존엄한 일로 생각한다. 그리하여 수행의 중요함을 깨닫지 못한다. 그러다가 명이 다하여 숨을 거둠과 동시에 자기가 탐착하고 집착하며 애착했던 귀중한 보석과 재물과 자녀 권속들이 모두가 다 사

라지고 없다. 살아생전에 쌓아 놓은 재물과 자기의 전부라고 할 만큼 애착을 두었던 자녀들도 모두가 다 보이지 않고 잡히지도 않는다. 인생살이 한평생이 지난밤의 한마당 꿈과 무엇이 다른가? 이와 같음을 여실히 아는 지혜로운 이들은 영원무궁토록 무량무변공덕에 드는 길이 없을까를 늘 생각한다. 그러다가 『금강경』의 교설을 만나서 그 뜻을 알게 되면, 자기 자신도 『금강경』의 수행자가 되고, 타인他人에게도 『금강경』의 교설을 전하고 설명하여 교회한다.

◇ 나와 남이 둘이 아니고 하나이며 똑같이 구제되어야 한다는 동체대비심同體大悲心을 일으킨 이를 가리켜 신심信心이 견고한 이라고 한다.

◇ 부처님의 교설을 배우고 익히는 이가 반드시 간직해야 하는 마음 가짐이 있다. 그것은 자기도 성불成佛 할 수 있다는 자존감을 간직해야 한다. 그리고 반드시 성불에 도달하겠다는 굳건한 믿음과 서원誓願이 있어야 한다. 무슨 까닭인가 하면 그런 굳건한 믿음과 서원이 있어야 무량무변공덕의 세계인 성불에 도달할 수 있기 때문이다.

◇ 온 우주 모든 세계에 성불成佛의 공덕을 능가할 공덕이 없다. 성불의 공덕이란, 영원하고 즐겁고 자유롭고 깨끗한 대자유 대해탈의 경지를 말한다.

◇ 깨달음에 이르지 못한 범부 중생들에게 있어서 아상我相 등, 일체상一切相을 구별하

면 수천가지의 상相이 나온다. 그런데 이들 모든 상相은 아상, 인상, 중생상, 수자상의 사상심四相心으로 요약할 수 있다. 수행에 정진하는 이들은 사상심을 비워서 소멸시켜야 한다. 첫째, 아상을 비워야 한다. 즉, 자기의 견해만을 고집하는 아집과 아만과 나我라고 하는 자아의식自我意識을 비워야 한다. 둘째, 인상을 비워야 한다. 즉, 좋아 보이는 모든 것들에 대하여 수단방법을 가리지 않고 그것들을 소유하려는 탐착심과 집착심을 비워야 한다. 그리고 나와 남을 구별하여 차별하는 마음을 비워야 한다. 셋째, 중생상을 비워야 한다. 즉, 나는 범부 중생이기 때문에 성불할 수 없을 것이라는 열등의식을 비워야 한다. 넷째, 수자상을 비워야 한다. 즉, 다른 사람들이야 어떻게 되든 말든 아랑

곳 하지 않고, 자기 자신만은 귀하고 부유하게 오래 오래 살아야 한다는 이기심의 마음을 비워야 한다. 이와같이 사상심을 완전히 비워서 나我가 없다는 무아의 경지에 들면 본래청정심을 체득하여 무량무변공덕의 세계인 성불成佛에 도달한다.

◇ 설령 이 세계에서 어떤 최상의 거부장자가 있다고 할 때, 그 거부장자가 금은보화를 산 같이 쌓아놓고 빈궁함에 시달리는 그 수를 알 수 없을 정도의 수많은 사람들에게 나누어 주어서 구제한 보시布施의 복덕은 많고, 많으며 크고 크다. 그런데 이보다 더 큰 복덕이 있으니, 그것은『금강경』의 교설을 다른 사람들에게 전해 주고 그 뜻을 설명해 주는 일이다. 다시 말하면 금은보화를 산山

같이 쌓아 놓고 수없이 많은 사람들에게 나누어 주어서 보시한 복덕보다『금강경』의 교설을 다른 사람들에게 전해 주어서 교화한 복덕이 훨씬 더 크다는 것이『금강경』의 교설이다.

◇ 바로 앞에서 말한 금은보화가 수많은 사람들의 빈궁함을 구제할지라도 그것은 사람들이 이 세상에서 살아있는 동안만의 구제이다. 반면에『금강경』의 교설을 다른 사람들에게 전하여 수행하게 하는 것은 사람들로 하여금 생사고해를 벗어나 무량무변 공덕의 세계인 성불에 이르게 하는 것이다. 그러므로 금은보화로써 수많은 사람들의 빈궁함을 구제한 복덕보다『금강경』의 교설을 다른 사람들에게 전하여 교화한 복덕

이 훨씬 더 크다고 하는 것이다.

◇ 온 우주 모든 세계에서 성불成佛에 도달
한 공덕(위없는 깨달음)보다 더 큰 공덕이 없고,
성불에 도달한 복덕보다 더 큰 복덕이 없다.

16

—

중생을
다 구제하리라

◇ 타인他人에게 『금강경』의 교설(가르침)을
전하여 구제하는 마음과 실천으로 인하여
탐욕과 성냄과 어리석은 마음이 보시布施와
자비와 지혜로 바뀌게 된다. 즉, 타인에게
『금강경』의 어느 한 부분이라도 전하여 설
명하는 것은 자기의 마음 등불이 밝아져서

지혜와 복덕이 증장 된다.

◇ 사원寺院에서, 혹은 불자들 간에 상대방을 보살님이라고 호칭하는 경우가 많다. 이는 자기를 구제함과 같이 타인에게 불교의 가르침을 전하여 구제하고자 하는 마음이 간절하고, 또 그와 같이 실천하는 이를 두고 하는 호칭이다. 타인을 구제하고자 하여 몸과 마음으로 실천하지 아니하는 이를 일컬어 보살이라고 하지 않는다. 무슨 까닭인가 하면 자기를 구제함과 같이 타인을 구제하는 것이 불교수행의 본체本體이기 때문이다.

◇ 자기 자신을 구제함과 아울러 타인을 구제하는 것이 왜 불교수행의 본체일까? 수행을 통하여 본래청정심에 들면, 나와 남이 따

로 없고 하나이기 때문이다. 자기를 구제함과 같이 타인을 구제하는 마음을 동체대비심同體大悲心이라 한다. 나와 남을 분별하는 마음과 나와 남을 차별하는 마음이 있으면 본래청정심을 체득할 수 없어, 무량무변공덕의 세계에 들지 못한다.

◇ 중생은 제각각 사상심四相心과 미혹의 번뇌와 망상과 자아의식自我意識이 다르므로 한 마음이 되지 못하고 천만가지의 차별심과 분별경계가 벌어진다. 그리하여 다툼과 분쟁과 불화가 끊이지 않는다.

◇ 무량무변공덕의 세계인 성불에 도달하신 모든 부처님은 모두가 다 한 마음이다. 따라서 다툼과 분쟁과 불화라는 단어가 붙

을 자리가 없고, 언제나 한결같이 즐겁고 자유롭고 깨끗한 경지가 끝이 없어, 공덕이 무량하다.

◇ 『금강경』의 교설을 만나지도 못하고, 그 뜻을 알지도 못하는 것이 이 시대를 살아가는 대다수 사람들의 실상이다. 이와 같이 『금강경』은 백천만겁이 지나도록 만나기 어려운 경이다. 과거 전생前生에 선근善根 복덕의 종자를 심은 이라야 금생에 『금강경』을 만나고 그 뜻을 아는 것이다.

◇ 수행에 임하는 이는 물러나지 아니하는 신심信心과 수행으로 무량무변공덕의 세계인 성불成佛에 도달하겠다는 굳건한 맹서와 변함없는 원願을 세우는 일이 중요하다. 무

슨 까닭인가 하면 반드시 성불에 도달하겠
다는 굳건한 서원誓願을 세우지 않고 성불에
이르기는 매우 어렵기 때문이다.

◇ 어떤 사람이 자기 자신이 성불하겠다는
서원誓願을 세움과 아울러 자기와 인연 닿는
모든 이들에게도 『금강경』의 교설을 전하
여 끝까지 교화하겠다는 서원을 세운다면,
그것은 양쪽 바퀴가 잘 갖추어진 수레와 같
아서 수행의 순조로움이 금상첨화다. 무슨
까닭인가 하면, 타인他人을 구제하고자 하
는 마음은 자기 자신의 탐욕과 분노와 어리
석음의 검은 구름을 몰아내는 찬란한 등불
과도 같은 것이기 때문이다. 다시 이르자면,
타인을 교화하여 구제하고자 하는 마음은
자기 자신의 탐욕과 분노와 어리석음을 굴

려서 보시와 자비와 지혜의 마음 등불을 밝
히는 것과 같아서 스스로 잘못된 길에 드는
것을 방지하고, 종극에는 성불의 반열에 들
게 된다.

17
—

성불
成佛

◇ 성불成佛이란, 부처님의 경지에 도달하였
음을 뜻한다. 영원하고 즐겁고 자유롭고 깨
끗하며 대자유, 대해탈의 경지가 끝이 없어,
무량무변공덕의 세계에 든 것을 성불이라
한다.

◇아상, 인상, 중생상, 수자상의 사상심四相心을 다른 말로 표현하면, 거짓된 자아의식自我意識으로 가득 채워진 어둡기 짝이 없는 마魔의 굴窟에 들어있는 것과 같다. 이와 같은 마의 굴에서 벗어나지 못하면, 미혹迷惑으로부터 일어나는 번뇌와 망상과 잡념의 자아의식을 참 나我로 착각하며 살아간다. 이러한 착각에서 벗어나지 못하는 것이 중생들의 삶이다. 불교에 인연이 없고, 『금강경』의 교설을 만나지 못한다면, 수행에 대하여 알지 못하니, 수행을 외면하고 등질 수밖에 없다. 그리하여 언제까지나 거짓된 망견妄見과 망식妄識의 자아의식을 참 나我라고 착각하며 살아갈 수밖에 없다. 따라서 이 세계의 혼탁함에 물이 들고, 자기 자신도 모르는 사이에 어두운 죄 없이 쌓여간다. 여기에 이르

러 성불成佛은 고사하고, 숨을 거둔 뒤에 어찌 악도惡道에 떨어지는 것을 면하겠는가?

◇ 이 세상을 살아가노라면, 누구누구 할 것 없이 바쁘기 마련이다. 무슨 까닭인가 하면 사람과 사람들 끼리 생존경쟁이 치열하기 때문이다. 학창시절에는 학업에 몰두하느라 바쁘고, 생활전선에 뛰어들어서는 인생의 낙오자가 되지 않기 위해 노력하다 보니, 바쁠 수밖에 없다. 이와 같은 사회구조 속에서 수행에 임할 시간이 어디 있겠냐고 반문할 사람들이 많을 것이다. 바로 이런 생각이 수행에 들지 못하는 아주 큰 함정이다.

◇ 수많은 사람들이 과다한 업무량에 쫓기다 보면 몸은 물론이고 뇌가 피로한 나머지

뇌에 과부하가 걸린다. 이때, 담배에 중독된 이들은 담배 연기를 빨아들이는 들숨의 순간에 복잡한 생각을 쉰다. 그리고 담배 연기를 내 뿜는 날숨의 순간에 번뇌와 망상을 쉰다. 담배를 통하여 들숨과 날숨으로 과부하에 걸린 뇌를 잠시 식혀주기는 해도 담배는 마약의 일종이다. 담배에 중독되면 뇌세포가 죽어가고 또 폐가 손상을 입는다.

◇ 담배를 피우지 않는 이들은 과부하에 걸린 뇌를 어떻게 식힐까? 그것은 바쁘게 일을 하는 와중에도 멍 때리는 순간, 순간이 있다. 아무 생각 없이 멍 때리는 순간이 짧은 것이라 해도 이것이 습관화 되면, 10분 내지 20분 혹은 그 이상의 시간이 지나도 잠시 잠깐 지난 것으로 착각하여 시간이 흐

르는 것을 알지 못한다. 이것을 불교 용어로 무기無記에 빠졌다고 한다. 이렇듯 무기에 빠지므로써 과부하에 걸린 뇌를 식혀주지만, 무기에 빠지는 것은 그 폐단이 심각하다. 아무 생각없이 멍때리는 무기에 빠지면 자기 스스로 무아無我의 경지에 든 것으로 착각하여 수행에 큰 방해가 된다. 뿐만 아니라 무기에 빠지면 뇌의 활성화를 막아 지혜가 어두워진다. 그러므로 멍 때리는 무기에 빠지지 말아야 한다. 그런데 어떤 이들은 술을 마심으로써 과부하에 걸린 뇌를 식히려 하지만 술 역시 뇌세포를 죽이는 마약의 일종이다.

◇ 현 시대를 살아가는 수많은 사람들이 과다한 업무량에 시달린다. 그로 인하여 뇌에

과부하가 걸린다. 과부하에 걸린 뇌를 어떻게 식혀야 할까? 이에 대하여 아주 효과적인 뇌의 휴식 방법이 있다. 그것은 담배는 피우지 않으면서, 담배 한 개비 피우는 시간 동안 들숨(들어오는 숨)과 날숨(나가는 숨)에 마음을 집중하는 수식관數息觀의 선禪 수행이 있다. 그리고 또 담배는 피우지 않으면서, 담배 한 개비 피우는 시간 동안 부처님 명호名號를 염송念誦하는 염불수행이 있다. 이것이야말로 과부하에 걸린 뇌를 식혀주는 가장 효과적인 뇌의 휴식 방법이다.

◇ 하루에 시간이 허락하는 한도 즉, 하루에 10분, 혹은 하루에 30분, 혹은 하루에 1시간, 혹은 하루에 1시간 이상, 시간이 허락하는 한도에서 들숨과 날숨에 마음을 집중하

는 수식관의 선禪 수행과 병행하여 염불수
행을 하는 것이야말로 종극에는 본래청정
심을 체득하여 무량무변공덕의 세계에 입
성入聖하는 길이다. 다시 이르자면 영원무궁
토록 즐겁고, 자유롭고, 깨끗한 경지 즉, 성
불에 이르는 길이다.

◇ 이 세계에 태어난 사람들이 수행을 하고,
하지 않고는 시간의 문제가 아니라, 각자 스
스로 마음 쓰기에 달려있는 문제다.

◇ 일상생활과 병행하여 게으름 없이 수행
에 임하는 이에게는 이 세계가 자기 자신을
구제의 길로 들게 하는 보배의 땅과 같다.
반면에 자기 자신이 습관화 되고, 중독된 일
에만 빠져들어 수행을 외면하고 등지는 이

에게는 이 세계가 자기 자신을 수렁으로 떨어지게 하는 깊은 함정과 같다.

◇ 들숨과 날숨에 집중하는 수식관數息觀의 선禪 수행과 병행하여 염불수행念佛修行을 하는 것은, 자기 자신의 거짓된 마음의 나我를 완전히 비우는 수행이라고 깨달으면 된다. 거짓된 마음의 나我를 완전히 비운 경지에 든 것을 가리켜, 나我가 없는 무아無我의 경지에 들었다고 한다. 이와 같이 무아의 경지에 들어야 아상, 인상, 중생상, 수자상의 사상심四相心에서 벗어난다. 그리하여 본래청정심을 체득하고, 무량무변공덕의 세계인 성불에 도달한다.

◇『금강경』의 교설을 만나서 읽고 배우며

내지 외우고 그 뜻을 잘 알아서 실천 수행하는 일이야말로 그 다행함을 언설로 다 표현할 수 없다. 무슨 까닭인가 하면『금강경』교설의 뜻을 알고 그대로 수행한다면 무량무변공덕의 세계인 성불의 반열에 오르기 때문이다.

◇ 성불成佛의 무량무변공덕에 비하면, 설령 황금으로 된 큰 산을 만난다고 해도 그것은 아주 작은 것에 불과하다. 무슨 까닭인가 하면 명이 다해 숨을 기둔 뒤에는 그 황금으로 된 산이 이미 자기의 것이 아니기 때문이다.

◇ 이 세계에서 무엇이 가장 중요한 문제인가? 탐욕과 집착과 성냄과 어리석음의 번뇌, 망상, 잡념 등의 혼미한 파도가 넘치는

이 세계는 혼돈의 바다라 할 수 있다. 이러한 혼돈의 바다에서 벗어나는 것 보다 더 급하고 중요한 문제는 없다.

◇『금강경』의 교설은 그런 혼돈의 바다를 건너게 해주는 튼튼한 배와 같다. 이와 같이 튼튼한 배를 만나는 일 보다 더 큰 행운은 없다. 다시 말하면,『금강경』의 가르침을 만나서 그 뜻을 아는 것 보다 더 큰 행운은 이 세계 어디에도 없다. 무슨 까닭인가 하면, 『금강경』의 교설에 따라 게으름 없이 수행에 임하므로 인하여 무량무변공덕의 세계인 성불成佛에 도달하기 때문이다.

◇『금강경』의 교설(가르침)은 아상, 인상, 중생상, 수자상의 사상심四相心에서 벗어나는

것이 주된 가르침이다. 다시 말하면, 사상심에서 벗어나는 것을 핵심 골자로 하고 있다. 무슨 까닭인가 하면, 사상심에서 벗어나지 못한다면 미혹迷惑에 뒤덮인 마魔의 굴窟에서 벗어나지 못한 것과 같아서 성불에 이르지 못하기 때문이다.

◇ 인간사에서 발생하는 일들을 관찰하면 모두가 다 아상, 인상, 중생상, 수자상의 사상심으로 인하여 일체一切의 악업惡業이 발생한다.

◇ 불교에 입문入門한 지 40년 내지 50년이 지났다 해도 사상심에서 한 발짝도 벗어나지 못하고 그 사상심에 사로잡혀 살아가는 인생이라면, 그 이름만 불자佛子다. 즉, 진정

한 불자가 아니라는 말이다. 그러므로 불교에 입문한 지 오래 되었노라고 상相을 내기 전에 자기 자신을 돌아볼 일이다.

◇ 아상, 인상, 중생상, 수자상의 사상심四相心은 고정불변한 실체가 있는 것이 아니고, 미혹迷惑의 어리석은 마음으로 일어나는 것이다. 그러므로 거짓되고 미혹에 사로잡힌 나我를 완전히 비우는 수행 즉, 나我가 없다는 수행을 통하여 무아無我의 경지에 들어야만 한다. 그래야만 사상심이라는 미혹에서 벗어날 수 있다.

◇ 나我 없다는 무아無我의 경지에 들어 사상심四相心에서 벗어났다는 말은 즉, 사상심이 사라지고 없어졌다는 뜻이다. 사상심이 없

어지지 않고 그대로 남아 있다면 아무리 도력道力이 높아 보이고 부처님 버금가는 존엄이 있어 보여도 무량무변공덕에 드는 성불成佛과는 거리가 멀다.

◇ 아상, 인상, 중생상, 수자상의 사상심에서 벗어나는 것은 비유컨대, 어둡기 짝이 없는 마魔의 굴窟에서 벗어나는 것과 같다. 사상심에서 완전히 벗어남과 동시에 억겁에 지은 어두운 죄없이 흔적없이 사라지고, 대광명大光明에 섭수攝受되는 것과 같은 본래청정심本來淸淨心에 든다. 그리하여 무량무변공덕의 세계인 성불에 도달한다.

18
—

무주상보시
無主相布施

◇ 무주상보시란, 어디에도 집착하는 바 없고, 내가 보시했다는 상相을 내거나 생색내는 바 없이 사원寺院에 재물로 보시하거나 또는 어려움을 겪는 타인他人에게 물질적으로 베풀거나, 육체적인 노력으로 베푸는 것을 말한다. 그리고 불교의 경전 내지 『금강

경』의 교설을 타인에게 전하는 것을 진리의
무주상보시라 한다.

◇ 다시 또 무주상보시無主相布施를 말하면,
탐욕과 집착의 마음에서 벗어나 어디에도
걸림없는 청정한 마음으로 보시행布施行을
닦는 것을 무주상보시라 한다.

◇ 사원寺院은 불교의 『대장경』및 단행본들
을 소장하고 있는 진리의 도량道場이다. 그
리고 불교의 교설을 공부하여 자기 자신의
수행에 정진하는 한편, 사원을 찾는 수많은
사람들에게 불교의 교설을 전하고 설명하
여 구제의 길로 인도해 주시는 우리들의 스
승이신 스님들이 머물고 있는 곳이 사원이
다. 이와 같은 사원에 재물을 가지고서 무주

상보시행을 닦는 까닭은 무엇일까?

◇ 온 우주의 영원무궁한 세월에 비하면 인생 100년이 순간에 불과한 것이다. 그렇게 순간에 불과한 인생살이 속에서 모아 놓은 재물을 갖고 있다 하여도 그 재물 역시 순간에 머무는 것에 지나지 않는다. 그런 재물을 가지고 진리의 도량道場인 사원에 무주상보시를 실천함으로써 사원을 지키는 것은 영원한 진리와 공덕에 젖어 드는 것이다. 그리고 사원에서 스님들의 설법에 의지하여 불교의 가르침을 공부하고 익히는 까닭은, 이 세계에서 물질은 순간에 머물고, 진리에 젖어든 공덕은 영원하기 때문이다.

◇ 어려움을 겪는 사람들에게 재물이나 또

는 육체적인 노력으로 무주상보시를 행하는 까닭은 어리석음에서 벗어나 깨달음에 들면, 나와 남이 둘이 아니고 한 생명이며 한 뿌리이기 때문이다. 이와 같은 마음으로 사원寺院이나 또는 타인에게 무주상보시를 행할 때, 진리의 광명은 꺼지지 않는 햇빛과 같이 영원토록 내 앞길을 비추게 된다.

◇ 어떤 사람이 사원에 만 원, 또는 오만 원, 또는 십만 원, 또는 그 이상의 보시를 하고 나서 보시했다는 어떤 마음의 흔적도 남아 있지 않고, 생색내는 마음이 전혀 없는 것을 일컬어 집착하는 바 없이 보시했다는 뜻으로 무주상보시라 한다. 이와 같이 무주상보시를 행할 때, 그 복이 크고 영원하다는 것이 『금강경』의 교설이다.

◇ 어떤 사람이 사원이나 또는 타인에게 보시 했노라고 집착하는 바 없고 생생내는 바 없이 보시하는 것이 진정한 보시이고, 진정한 자비다. 마찬가지로 다른 사람들에게 『금강경』의 교설을 전해 주었다고 생색내는 바 없이 진리를 전하는 것 역시 진정한 자비인 동시에 진리의 무주상보시다.

◇ 자기에게 큰 해악을 끼친 〈철천지원수〉라고 해도 그에게 원수라는 마음을 완전히 내려놓고, 『금강경』의 가르침을 전하여 교화하는 마음은 진리의 무주상보시다.

◇ 미혹과 망념妄念의 집합체인 사상심四相心에서 벗어날 때, 너와 나는 한 생명이고 한 뿌리임을 깨닫게 된다.

◇ 〈철천지원수, 언젠가는 그 원수를 갚으리라〉라고 하는 감정은 만지려 해도 만질 수 없고, 잡으려 해도 잡을 수 없다. 저주하고 원망하며 미워하는 감정은 그 이름일 뿐, 아무런 실체가 없는 것이다. 수행 정진하는 이들은 이러한 도리를 깨달아야 수행이 순조롭고 진전이 있는 것이다. 철천지원수라는 그 자리에 원수라는 개념은 흔적 없이 사라지고, 그 대신 그 자리에 자비심이 들어가는 것이다. 그리하여 원수라는 개념이 변하여 교화하고 구제해야 할 대상일 뿐이라는 자비심으로 충만할 때, 『금강경』의 교설을 따라 수행하는 참 불자佛子라 할 수 있다.

◇ 철천지원수에 대하여 반드시 복수하는 것이 당연한 일이라고 단정하는 사람들이

많을 것이다. 그런데, 철천지원수라 여기지 말고, 복수하지도 말며, 그에게 자비심을 베풀어 교화하고 구제하라는『금강경』의 교설을 납득하지 못하는 사람들이 적지 않을 것이다. 이 세계에서 천년을 산다고 해도 그런 가르침을 납득하지 못할 것만 같다는 사람들도 많을 것이다.

◇ 이 세계에서 살아가는 대부분의 사람들이 깨닫지 못하는 것이 있다. 그것은 철천지원수에 대하여 복수심이 없어지지 않으면 지혜의 마음 등불이 꺼져버린다는 것을 깨닫지 못한다. 그리하여 복수극에 복수극은 계속해서 이어지고, 불행은 꼬리에 꼬리를 물고 찾아올 수 밖에 없다. 영원한 광명의 세계에 들고자 하는가? 그렇다면 원망과 분

노와 억울함과 철천지원수라는 개념을 쉬어서 끊어 없애야 한다. 그리하여 대우주를 포용할 수 있는 자비심에 젖어 들어야 한다.

◇ 미국의 어느 의사가 마음이 아주 평안한 사람의 피를 채취하였다. 그 다음으로는 원망과 분노가 하늘 끝까지 치밀어 오른 사람의 피(혈액)을 채취하였다. 그리하여 마음이 아주 평안한 사람의 피를 쥐에게 주사한 결과 그 쥐는 평상시와 다름없이 활동하였다. 그 다음으로 원망과 분노가 하늘 끝까지 치밀어 오른 사람의 피를 다른 쥐에게 주사했더니, 그 쥐가 그 자리에서 죽어버렸다. 그렇게 쥐를 가지고 실험한 의사가 밝히기를, "원망과 분노가 치밀어 오르면, 자기 자신의 혈액이 독으로 변한다. 따라서 심장과 간

에 큰 손상을 가져올 뿐만 아니라 온갖 질병이 발생한다.”라고 하였다.

◇ 자기 자신에게 해악을 끼친 상대에 대하여 원망과 분노가 치밀어 오르면 자기 자신도 모르는 사이에 암흑의 굴窟 속에 들어있는 것과 같다. 그리고 그 어두움에 마음이 오염汚染된다. 그리하여 미혹과 미망迷妄의 어리석음에 휩싸인다. 따라서 악한 마음이 자라난다.

◇ 자기에게 큰 해악을 끼친 사람에 대하여 복수심에 불타면, 뇌에서 〈아드레날린〉이라는 불순물이 나와 우울증과 질병이 발생한다.

◇ 자기에게 큰 해악을 끼친 사람에 대하여 억울한 마음을 내려놓고, 그에게 진리의 가르침에 젖어들 것을 마음으로 축원해 준다면 자기의 마음 등불이 밝아진다.

◇ 분하고 억울한 마음을 내려놓고 수행 정진하는 즐거움에 빠지면, 〈베타엔돌핀〉이라는 호르몬이 분비되어 NK세포가 발생한다. 그리고 그 NK세포는 암세포를 박멸하게 된다. 이렇듯 진실로 수행하는 즐거움에 빠진다면, 암까지도 치유되는 것이다.

◇ 자기에게 큰 해악을 끼친 사람에 대하여 원망과 분노의 마음을 다스리지 못하여, 살인을 저지르고 무기징역에 처해져서 평생을 감옥에서 지내는 경우는 흔히 있는 일이

다. 감옥에서 지내는 동안 원망과 분노의 마음이 치성하여 악한 마음이 자라나게 된다. 그로 인하여 마음으로 짓는 죄업이 쌓이게 되어 목숨을 마친 뒤에는 악도惡道에 떨어진다.

◇ 살아생전에 반드시 내려놓고 없애야 하는 어두운 마음이 있다. 이 세계에서 좋아 보이는 모든 것에 대하여 집착의 마음을 내려놓고 없애야 한다. 그리고 원망과 분노와 억울한 마음을 내려놓고 없애야 한다. 집착과 원망과 분노와 억울한 마음을 없애지 못하면 나我가 없다는 무아無我의 경지에 들지 못한다. 무아의 경지에 들지 못하면, 미혹迷惑과 어리석은 마음의 집합체인 사상심四相心에서 벗어나지 못한다. 사상심에서 벗어나

지 못하면 영원토록 육도윤회의 고통을 감
내해야 한다.

◇ 현재 우리가 살고 있는 이 지구가 생겨나
기 전에는 중생들의 모든 생명은 그 전 지구
에서 살아왔다. 그리고 그 전 지구가 소멸되
고 현재 이 시대의 지구가 생성되고부터는
이 시대의 지구로 옮겨와서 나고 죽음을 거
듭하며 살아가고 있는 것이 범부 중생들의
실상이다.

◇ 과거 전생 무량억겁 전부터 헤아릴 수 없
이 무량한 세월을 지나오면서 몸을 바꾸어
가며 나고 죽음을 거듭하는 것이 중생들의
실상이다. 그리고 지구까지도 바꾸어 가며
태어나기를 10억 번×10억 번이라 하여도

모자랄 만큼 거듭하여 살아오는 동안 나의 부모가 되어보지 않은 이가 없고, 또 나의 자녀들이 되어보지 않은 이가 없다.

◇ 원망과 분노와 억울한 마음을 어떻게 다스려야 할까? 여기에는 나我가 없다는 무아無我의 경지에 드는 일 말고는 달리 길이 없다. 자기에게 해악을 끼친 사람에 대하여 원망과 분노가 치밀어 오르는 마음을 다스리는 길은, 일상생활과 병행하여 시간이 허락하는 한도에서 게으름 없이 수행에 임하여 나我 없다는 무아의 경지에 들어야 한다. 그리하여 아상, 인상, 중생상, 수자상의 사상심四相心에서 완전히 벗어나면 영원한 광명의 세계에 입성入聖한다.

◇ 광명의 세계에 입성入聖한 것을 비유하면, 어둡기 짝이 없고 고통이 심한 마魔의 굴窟에서 빠져나와 자기 자신의 존엄과 가치를 최고로 높이는 자유와 평화와 즐거움이 충만한 광명의 세계에 도달한 것과 같다.

◇ 자기 자신이 게으름 없는 수행생활을 실행하여 나我가 없다는 무아無我의 경지에 들어야만 사상심四相心에서 벗어날 수 있다. 미혹과 미망迷妄과 온갖 어리석은 마음의 집합체가 바로 사상심이다. 이러한 사상심에서 완전히 벗어나면, 영원하고 즐겁고 자유롭고 깨끗함이 끝이 없는 영원한 광명의 세계에 입성入聖한다. 즉, 무량무변공덕의 세계인 성불에 도달하는 것이다.

◇ 망상妄相과 망견妄見과 미혹의 집합체인 사상심四相心에서 벗어나 본래청정심에 들면, 나는 나고 너는 너라는 차별심이 없어진다. 그리하여 모두가 다 한 생명이고 한 뿌리임을 깨닫게 된다. 여기에 이르러 원망과 분노와 철천지원수라는 개념은 흔적 없이 사라지고 없다. 이와 같은 경지에 이르면 무량무변공덕의 세계가 열리는 것이니 즉, 성불이다.

◇ 나我가 없다는 무아無我의 경지에 들지 못하면, 아상, 인상, 중생상, 수자상의 사상심四相心에서 벗어나지 못하므로 본래청정심을 깨달아 체득하지 못한다. 따라서 무량무변공덕의 세계인 성불에 도달하지 못한다.

◇ 살아생전에 수행을 등지고 외면하여 살아 간다면 육도윤회의 세계에서 벗어나지 못한다. 생사고해生死苦海를 넘나드는 가운데, 『금강경』의 가르침을 얻어 만나기는 정말 어려운 일인데, 얼마나 어려울까? 비유컨대, 천상天上에서 사과 한 개의 크기 만한 보석寶石이 지구상의 어느 바다 속 깊은 곳에 떨어졌는데, 그 보석을 찾아내는 것만큼이나 어려운 일이다. 『금강경』의 교설을 만나지 못하므로 인하여 공덕의 길을 알지 못하니, 이 세상을 살아갈수록 죄업만 쌓인다. 그 죄업으로 인하여 한량없는 세월동안 육도윤회의 세계에서 벗어나지 못한다. 그런데, 이 생에서 『금강경』의 교설(가르침)을 얻어 만나고 읽어보거나 외워서 그 뜻을 확연히 습득하고 익히며 수행에 정진하는 일이

야 말로 그 다행함을 언설言說로서 다 형언
할 수 없다. 무슨 까닭인가 하면, 수행 정진
한 공덕은 결코 헛되지 아니하여 종극에는
무량무변공덕의 세계인 성불에 도달할 것
이기 때문이다.

◇ 과거 전생에 선행善行의 복업을 아주 많
이 지었다면 천상세계天上世界에 들어 오랜
세월 동안 복락을 누린다. 그러나 그 복락이
영원하지 않다. 언젠가는 자기가 지은 복력
福力이 다 소진될 때가 있고, 그에 따라 인간
세계로 떨어지거나 또는 그 이하로 떨어진
다. 그러므로 천상天上에 나고자 하는 원願을
세우지 말고, 성불成佛에 이르고자 하는 원
을 세워야 한다.

◇ 과거 전생에 사람으로 태어날 수 있는 지혜와 복업福業을 잘 닦았다면 금생에 사람으로 태어난다. 전생에 사람으로 태어날 수 있는 선업善業을 지었으나, 자기가 지은 복력福力이 빈약하면 사람으로 태어나되, 가난한 과보를 받아 태어나서 애로가 많다.

◇ 금생에 항상 다투기를 좋아하고, 또 내편과 상대편을 갈라서 싸우기를 일삼고, 내지 완력으로 상대편을 찍어 누르고 구타하기를 좋아하면 그 과보로 내생에는 반대로 자기 자신이 그 이상으로 당한다. 뿐만 아니라 전쟁이 일어나는 국가에 태어나서 온갖 고초를 다 겪는다.

◇ 금생에 마약에 빠지거나 술에 취하기를

거듭하면 악한 마음이 발동하고 지혜가 퇴보하여 내생에는 축생으로 태어난다. 금생에 악행의 범죄를 많이 저지르면 내생에는 굶주리는 아귀세계에 떨어지거나 또는 지옥에 떨어진다.

◇ 육도윤회六道輪回의 세계란, 천상세계, 인간세계, 아수라세계(싸우기를 일삼는 세계), 축생의 세계, 아귀세계(굶주리는 세계) 지옥세계를 말한다.

◇ 어떤 일이 있어도 명이 다하여 숨을 거둔 뒤에 지옥, 아귀, 축생의 삼악도三惡道에 떨어지지 않아야 한다. 무슨 까닭인가 하면, 한 번 삼악도에 떨어지면 수행생활을 실행할 기회가 없다. 그리하여 탐하는 마음, 성

내는 마음, 어리석은 마음으로 인하여 악업
惡業만 쌓인다. 따라서 인과의 법칙대로 한
량없는 세월동안 삼악도에서 벗어날 기약
이 없기 때문이다.

◇ 지옥, 아귀, 축생의 삼악도三惡道에 떨어
지는 것을 면할 뿐만 아니라 더 높은 광명
의 세계에 들어야 한다. 그리되고자 한다면
무주상보시를 실천함과 아울러 수행생활을
실행하여 나我가 없다는 무아無我의 경지를
제득해야 한다. 그리하여 망상妄相과 망견妄
見과 미혹의 집합체인 사상심四相心이 흔적
도 없이 사라져서 본래청정심本來淸淨心에 입
성入聖해야 한다.

19

선호념善護念
선부촉善付囑

◇ 『금강경』에 선호념善護念 선부촉善付囑의
교설(가르침)이 있다. 이 가르침은 중생들로
하여금 미혹의 세계에서 벗어나 영원한 광
명의 세계에 도달할 것을 함축적으로 요약
한 가르침이다.

◇ 이 세계는 환경이 혼탁하고 생활이 혼탁하다. 혼탁한 생활상에 오염汚染되어 살아가다보니, 범부 중생들의 사고방식도 혼탁하다. 그리하여 이 세상의 좋아 보이는 모든 것들에 대하여 탐욕과 집착과 애착하는 마음이 발동한다. 그로 인하여 비인간화非人間化의 길에 들고, 비인간적인 삶을 살아가는 사람들도 헤아릴 수 없이 많은 것이 이 세계의 현실이다.

◇ 부처님께서는 중생들을 위하여 무량무변공덕의 세계인 성불에 이르는 길을 일깨워 주는 『금강경』의 가르침을 설파하셨다. 그러나 대다수의 많은 중생들이 『금강경』의 가르침을 얻어 만날 수 있는 복福이 빈약하여 그 거룩한 가르침을 만나지 못한다.

◇ 부처님께서는 『금강경』의 가르침 가운데 한 글 귀만이라도 얻어 만날 수 있는 복을 가진 이들을 위하여 선호념善護念 선부촉善付囑을 설說하셨다. 이것은 어떤 경우에도 비인간화의 길에 들지 말아야 한다는 가르침인 동시에 일상생활과 병행하여 수행정진 하므로 인하여 성불에 도달하라는 가르침이다.

◇ 아직 깨달음에 이르지 못한 중생들 가운데 자기 스스로 비인간화의 길을 가고 있음에도 그것을 깨닫지 못하는 사람들이 많다. 그러므로 비인간화의 길을 밝힌다. 각종 도박에 중독되고 마약에 중독되며, 조직폭력배 내지 보이스 피싱조직은 비인간화의 길이다. 그리고 사람들을 함정에 빠뜨리고, 거

짓된 말로 현혹하여 사기 행각을 하는 것은 비인간화의 길이다. 이 밖에도 비인간화의 길은 헤아릴 수 없이 많다. 어느 누구를 막론하고 비인간화의 길을 택한다면, 목숨을 마친 뒤에는 결정코 다시 사람으로 태어나지 못한다. 무슨 까닭인가 하면 자기 스스로 비인간화의 길을 택하였기 때문이다. 그 과보로 지옥, 아귀, 축생의 삼악도三惡道에 떨어진다. 즉, 이것은 인과응보의 법칙이다.

◇ 선호념善護念의 가르침이란 무엇인가? 선호념에서 선善의 의미는 일체의 차별을 떠난 일체선一切善을 말한다. 이러한 일체선一切善에 들기 위해서는 어떠한 경우에도 비인간화非人間化의 길에 들지 않아야 한다. 그리고 수행정진을 통하여 나我가 없다는 무아無

我의 경지를 체득해야 한다. 그리하여 미혹과 망견妄見의 집합체인 사상심四相心에서 벗어나 본래청정심에 입성入聖하는 자체가 일체선—切善이 발현發現되는 경지다. 다시 이르자면 선호념이란, 부처님께서 중생들로 하여금 본래청정심에 입성入聖하여 일체선—切善의 경지에 이르도록 인도하고 옹호하는 대자비심大慈悲心이다.

◇ 선부촉善付囑의 가르침이 무엇인가 하면, 바로 앞에서 설說한 가르침을 인연 닿는 사람들에게 잘 전하여 그들을 교화하여 구제하라고 당부하시는 부처님의 자비로운 가르침이다.

◇ 부처님께서 선호념 선부촉의 가르침으

로 일체의 차별을 떠난 일체선一切善의 경지에 이르도록 인도하고 옹호하며 당부하시는 까닭이 무엇인가? 그것은 사상심四相心에서 벗어나 본래청정심에 입성入聖하여 일체선一切善이 발현되면, 과거 무량억겁에 지은 일체의 죄업이 소멸되고 인과의 속박에서 벗어나서 대자유, 대평화, 대지혜, 대복덕의 주인공 발열에 이르기 때문이다.

20
—

환몽
幻夢

◇ 이 세계에서 지어지고 만들어지며 작위
적作爲的인 일체一切의 모습과 현상現相들이
실체 없는 꿈과 같고, 또 실체 없는 환영幻影
과 같다. 이것을 여실히 관찰하여 실체없는
거짓된 것에 집착하지 말아야 한다.

◇ 부처님께서 중생들을 향하여 당부하시는 "어떤 사람이 『금강경』의 교설을 받아가져서 공부하고 익히며 그 뜻을 잘 알고, 수행에 임하여 그 수행이 중도 포기 없이 끊임없이 이어진다면, 마침내 무량무변공덕의 세계인 성불成佛에 도달한다."라고 하였다.

◇ 다시 또 부처님께서 중생들을 향하여 당부하시는 자비심을 밝히면, "어떤 사람이 『금강경』 교설의 주요 부분을 요약하고 함축하여 진리의 시詩로 표현한 어느 한 게송偈頌만 이라도 다른 사람들에게 전하여 설명해 준다면 그 공덕이 무량하다."라고 하였다.

◇ 나我가 없다는 무아無我의 경지에 들어, 아상, 인상, 중생상, 수자상의 사상심四相心에서 벗어나야 한다. 그리하여 본래청정심을 깨달아 체득해야 한다. 그렇지 못하면 한량없는 세월동안 육도윤회의 세계에서 괴로움이 따라오는 중생의 삶을 살게 된다.

◇ 이 세계에서 인연화합으로 이루어진 모든 현상現相을 사事라 하고, 그 현상으로부터 벗어나 어디에도 속박되지 않고, 걸리지 않는 자유인이 된 것을 이理라 한다.

◇ 이 세계에서 사람들이 탐착하고 집착하며 애착을 두는 것은 모두가 다 사事다. 재물과 물질적인 모든 것을 포함하여 아상, 인상, 중생상, 수자상의 사상심도 인지작용에

의한 현상으로서 사事라 한다. 이와 같은 사事로부터 벗어나 어디에도 속박되거나 걸리지 않는 자유인이 되었을 때, 이理에 들었다고 한다.

◇ 이 세계에서 지어지고 만들어지며 작위적作爲的인 모든 물질과 모습과 형태와 형상形相들이 그 지속성과 영속성 없음이 지난밤 꿈과 같고 물에 비친 환영幻影과 같으며 물거품과 같고 그림자와 같은 허상虛相임을 깨달아야 한다. 그리하면 모든 허상에서 벗어나 이理에 들게 된다. 이러한 이理에 들어 어떤 것에도 속박되거나 걸리지 않는 자유인이 되었을 때, 수행은 중간에 물러남이 없이 순조롭게 지속된다.

◇ 본래청정심을 깨달아 체득하면, 자기 자신으로 믿었던 자아의식自我意識과 사대육신이 자기 자신의 실체가 아니라는 것을 알게 된다. 즉, 자기 자신이라고 믿었던 자아의식과 사대육신은 실체 없는 그림자이고 환영幻影이라는 것을 깨닫게 된다.

◇ 과거의 마음은 지나가 버렸으니, 얻을 수 없고 현재의 마음은 머무름이 없으니, 얻을 수 없으며 미래의 마음은 아직 오지 않았으니, 얻을 수 없다. 이것을 깨달아 과거 현재 미래에 얽매이고 집착하는 마음에서 벗어나야 한다. 그리하면 마음이 맑아지고, 마음의 자유를 얻는다.

◇ 범부 중생은 과거의 마음과 현재의 마음

과 아직 오지 않은 미래를 헤아리며 거기에 구속되고 속박된 삶이다. 그런데 본래청정심은 과거의 마음과 현재의 마음과 미래의 마음에 전혀 구속되지 않고 속박되지 않는 원융무애한 대자유의 경지다.

◇ 이 세계의 모든 것은 인연으로 생겨나고 인연으로 이루어진다. 인연으로 생겨난 모든 것은 그 실체가 없는 것이므로 잡을 수도 없고 찾을 수도 없다. 무엇을 얻으려 하고 잡으려 하며 소유하려 하여도 목숨을 마친 뒤에 자기에게 남은 것은 아무것도 없다.

◇ 본래청정심을 깨달아 체득하는 것이 부처님께서 설說하신 일체교설一切敎說의 실체다. 부처님의 교설에서 밝히는 수행법은 일

체의 어두운 망견妄見 즉, 망령된 견해와 망념妄念 즉, 망령된 생각에서 벗어나 본래청정심을 깨달아 체득하여 무량무변공덕의 세계인 성불成佛에 이르는 것이다.

◇ 본래청정심本來淸淨心은 분명히 존재한다. 무슨 까닭인가 하면, 본래청정심은 자기 자신의 본체本體인 동시에 일체공덕의 본체이기 때문이다. 그렇게 존재할지라도 본래청정심을 얻으려 하거나 구하려 한다면 얻지 못하고 구하지 못한다. 얻으려 하거나 구하려 하는 마음에서 벗어나야만 본래청정심에 입성入聖한다. 다시 말하면 아상, 인상, 중생상, 수자상의 사상심에서 완전히 벗어나기만 한다면 본래청정심에 입성入聖하여 무량무변공덕의 세계인 성불成佛에 도달한다.

◇ 사상심四相心에서 완전히 벗어나기 위해서는 들숨과 날숨에 마음을 집중하는 수식관數息觀 수행과 병행하여 염불수행에 정진精進해야 한다. 그리하여 나我가 없다는 무아無我의 경지에 들어야만 일체의 미혹과 어두운 마음의 집합체인 사상심에서 벗어나 본래청정심에 입성入聖한다. 이와 같은 수행법 말고, 다른 뛰어난 수행법이 있다 할지라도 말세에 태어난 우리들의 수준과 기틀과 성향으로는 거기에 상응相應하지 못하고 수행하기 어려워서 성취하지 못한다.

◇ 이 세계에 사람의 몸을 받아 태어나는 일이 결코 쉬운 일이 아니다. 그리고 『금강경』의 가르침을 얻어 만나서 그 뜻을 알기란, 백천만겁이 지나도록 어려운 일이다. 이것

을 안다면 수행생활을 할 수 있는 사람의 몸을 가지고서 어찌 수행하지 않을 수 있겠는가? 일상생활과 병행하여 수행생활을 이어간다면 그 다행함을 이 세계의 말과 글로서 다 표현 할 수 없다. 무슨 까닭인가 하면 게으름 없이 수행한 공덕은 결코 헛되지 아니하여 종극에는 무량무변공덕의 세계에 입성入聖할 것이기 때문이다.

◇ 수행생활을 할 수 있는 사람의 몸을 가지고서도 수행을 등지고 외면하여 탐하는 마음, 성내는 마음, 어리석은 마음의 미혹에 매몰되어 바람 부는 대로 물결치는 대로 혼탁한 세파의 풍랑에 따라서만 살아간다면, 영원한 무량무변공덕의 세계에 입성入聖하지 못하고 결국은 좌초될 수 밖에 없다.

◇ 이 세계에서 사람의 몸을 귀하게 여기는 것은 수행생활을 할 수 있기 때문이다. 그럼에도 수행을 등지고 외면하여 살아간다면, 그것은 비유컨대, 마魔의 굴窟 속에 들어 있는 것과 같아서 탐내고 성내고 어리석고 내지 그지 없는 혼탁함에 물이 들기 마련이다. 따라서 자기 자신도 모르는 사이에 어두운 업業이 쌓여갈 뿐이다. 그 어두운 업을 가리켜 죄업이라고 한다. 여기에 이르러 사람으로 태어난 보람과 가치는 하나도 없다.

◇ 이 세계에 사람으로 태어났을 때에만 공덕을 쌓는 일이 가능하다. 일상생활과 병행하여 시간이 허락하는 대로 수행생활을 이어갈 때, 공덕은 쌓이게 마련이다. 그와 반대로 수행을 등지고 외면할 때, 죄업만 쌓

인다. 무슨 까닭인가 하면, 이 세계는 악행이 난무하고 혼탁하여 그 악행과 혼탁함에 물이 들고 오염汚染되어 자기 자신도 모르는 사이에 저질러지고 쌓여가는 죄업을 깨닫지 못하고 인식하지 못하기 때문이다.

◇ 탐욕과 성냄과 어리석음과 번뇌와 망상의 어두운 미혹에 덮여 있어서 아직 깨달음에 이르지 못한 사람들 마다 본래부터 가지고 있는 본래청정심을 체득하지 못한다. 중생들에게 있어 가장 중요한 문제가 무엇일까? 그것은 일상생활과 병행하여 게으름 없는 수행생활을 통하여 어리석음의 집합체인 사상심四相心에서 벗어나 본래청정심을 체득하는 일이다.

◇ 성불에 이르는 것이야말로 인생 일대에 있어서 가장 중요한 일이다. 이러한 가르침은 모든 이념과 한계를 뛰어넘는다. 그러므로 불교를 어느 한정된 특정종교라고 인식하지 말아야 한다. 불교는 인과응보의 가르침이고, 중생들로 하여금 육도윤회 고통에서 벗어나 성불에 이르게 하는 가르침이다. 그리고 모든 이념과 한계를 뛰어넘어 온 우주를 관통하는 원융무애한 가르침이다.

◇ 대승자大乘者 최상승자最上乘者란, 세속적인 가치에만 집착하여 거기에 물든 것에서 벗어나 영원한 지혜와 복덕의 주인공 자리 즉, 성불에 도달하고자 하는 견고한 서원誓願을 일으킨 사람을 말한다.

◇ 이 세계에서 부귀영화와 명예와 무병장수와 오욕락 등등, 세속적인 가치에만 집착하여 거기에 매몰되고 물든 사람들은 대승자 · 최상승자의 서원誓願을 일으키지 못한다. 즉, 성불에 이르고자 하는 견고한 원력願力과 신심信心을 일으키지 못한다. 따라서 언제까지나 고통이 따라오는 육도윤회의 세계에서 벗어나지 못한다.

◇ 일체의 어두운 망념妄念과 망견妄見에서 벗어나 본래청정심에 들어 영원으로 이어지는 무량무변공덕의 세계인 성불에 도달하게 하는 것이 바로 『금강경』의 가르침이다.

21

무위심無爲心으로 행하는 수행이 참 수행이다

◇ 수행생활에 있어서 나我를 내세우지 않는 무위심無爲心으로 행하는 것이 참 수행이다. 즉, 행함이 없는 마음으로 행하라는 것이다. 다시 이르자면, 나는 수행하는 사람이라는 아상我相을 내는 바 없이 수행정진해야 한다. 예를 들자면, 공기를 들이 마시되, 공기

를 마신다는 생각 없이 공기를 마시는 것과 같다. 마찬가지로 수행한다는 아상我相을 내지 아니하고 수행하는 즐거움에 빠져들어야 한다.

◇ 수행생활에 있어서 나我라는 존재의식을 비워서 나我가 없다는 무아無我의 경지를 체득하고, 망견妄見과 망상妄相과 미혹된 마음의 집합체인 사상심四相心에서 벗어나는 것은 불교수행의 본체本體이다. 무슨 까닭인가 하면, 사상심에서 벗어나지 못하면 본래청정심에 이르지 못하여 성불에 도달하지 못하기 때문이다. 성불에 도달하지 못하면 언제까지나 인과의 법칙에 속박되어 일체의 고통에서 벗어나지 못한다.

◇ 본래청정심을 달리 표현하면 본각本覺이다. 이것을 일컬어 성불이라 한다. 성불에 도달했다는 생각마저 벗어난 경지가 성불이다. 우주를 관통하여 자재무애하고 원융무애하며 불가사의한 경지다. 그러므로 중생의 안목으로 성불의 경지를 사량思量하여 헤아리지 말아야 한다. 무슨 까닭인가 하면, 중생의 안목으로 성불의 경지를 헤아리는 것 자체가 성불의 경지를 크게 그르치기 때문이다. 그러므로 성불의 경지를 헤아리지 말고 수행생활을 이어가는 일이 중요하다.

◇중국 청나라 때, 성군이라고 칭송되는 황제가 있었고, 그 나라도 태평성대하였다. 그 황제가 인생문제에 대하여 깨달은 바 있어, 출가 수행자가 되었으니, 바로 순치順治황제

다. 그가 이르기를, "진리의 가르침에 귀의
하고 젖어들어 수행에 매진한 공덕보다 더
큰 공덕은 없다."라고 하였다.

◇ 세월의 의미를 말한다. 어떤 이가 수행을
외면하여 세월을 헛되이 보낼 때, 세월은 그
를 고통이 따라오는 윤회의 세계로 몰고 가
는 사악한 귀신과 같다. 반면에 어떤 이가
『금강경』의 가르침에 귀의하여 수행생활을
이어간다면 세월은 그를 무량무변공덕의 세
계로 인도하는 성스러운 벗이라 할 수 있다.

22

즉비即非의 가르침

◇ 즉비(即非: 즉, 아니다.)의 가르침이란, 부정의 이면에 긍정이 있다는 것이다. 다시 말하면 부정을 통하여 긍정을 불러오는 가르침이다. 여기서 긍정의 의미는 어디에도 물들지 않고 오염되지 않는 절대 긍정을 의미한다.

◇ 『금강경』의 교설에 이르기를, "중생이 중생이 아니고 그 이름이 중생이다."라고 하였다. 이것이 즉비卽非의 가르침인데, 일반 불자들에게는 아리송하게 여겨지는 대목이다. 이것을 쉽게 풀이하면, 중생이 수행 정진하여 성불에 도달하면 더 이상 중생이 아니다. 즉, 이것은 부정을 딛고 긍정을 실현하는 즉비의 가르침이다.

◇ 『금강경』이 『금강경』이 아니고 그 이름이 『금강경』이다. 이 역시 즉비의 가르침인데, 『금강경』의 교설에 귀의하여 수행정진을 실행하여 성불에 도달하면 더 이상 『금강경』이 필요하지 않다는 것이다. 비유컨대, 『금강경』의 교설은 고해苦海 세계를 건너게 해주는 튼튼한 배와 같다. 그 배에 의

지하여 무량무변공덕의 세계 즉, 성불에 도달했다면 그 배는 버려도 되듯,『금강경』의 가르침을 공부하고 습득하여 성불에 도달한 뒤에는『금강경』은 버려도 되는 것임은 두 말할 필요가 없다.

◇ 세속에서 살아가는 일반불자들의 실태를 살피면 아직 고해세계를 다 건너지 아니했는데 배를 버리는 경우가 많다. 다시 이르자면『금강경』의 가르침에 귀의하고 수행 정진하여 무량무변공덕의 세계에 입성入聖하지 못했는데 중간에『금강경』의 가르침을 버리고 외면하여 수지독송하지 않는 것은 안타까운 일이다.『금강경』의 가르침은 영원한 광명의 세계에 들게 해주는 보배중의 보배인데 그 진가를 알아차리지 못하는

것처럼 슬픈 일이 어디에 있겠는가?

◇ 한국불교의 큰 스승 즉, 무비 대사無比大師
가 이르기를, "불전에 삼천 배 절을 하는 것
보다 『금강경』의 가르침을 늘 수지 독송하
고 그 뜻을 타인他人에게도 설명해 주는 공
덕이 더 크다."라고 하였다.

◇ 『금강경』의 교설을 공부하는 불자들은
항상 『금강경』의 교설을 지니고 다녀야 하
고, 시간이 허락하는 대로 몇 번이고 읽고
외워서 그 가르침을 마음 속 깊이 새겨야 한
다. 다시 말하면, 잠을 자는 동안 꿈속에서
도 『금강경』의 금과옥조와 같은 가르침이
떠올라야 한다. 그와 같이 되어야만 『금강
경』의 가르침을 수지 독송한 공덕이 무량하

여 숨을 거둔 뒤에 지옥, 아귀, 축생의 삼악
도三惡道에 떨어지는 것을 면할 뿐만 아니라
영원한 광명의 세계에 들게 된다.

◇ 마음이 마음이 아니고 그 이름이 마음이
다. 이 또한 즉비卽非의 논리다. 과거의 마음
은 지나가 버렸으니 없는 것이고 현재의 마
음은 머무름이 없으니 집착할 바 못되며 미
래의 마음은 아직 오지 않았으니 없는 것이
다. 그럼에도 지나간 일들을 생각하며 괴로
워하고 오늘에 마음 고생했던 것에 사로잡
혀 괴로워하며 아직 오지 않은 미래의 일들
을 생각하며 근심걱정에 사로잡히는 마음
은 그 실체가 없는 환상幻相이다.

◇ 실체가 없는 환상에 사로잡혀 괴로워하

는 것은 미혹의 마음이다. 마음이 마음이 아니고 그 이름이 마음이라는 즉비의 논리를 깨달아야 한다. 수행정진을 통하여 미혹된 마음에서 벗어나 본래청정심을 체득하는 도리道理가 있음을 자각自覺해야 한다. 본래 청정심 즉, 본각本覺은 언어와 문자로 설명할 수 있는 영역을 넘어선 깨달음의 당체當體다.

◇ 다시 또 즉비卽非의 논리를 말한다. 어떤 여인이 자기가 낳은 아들에 대하여 아들이 아들이 아니고 그 이름 즉, 일컫는 바가 아들이라는 것을 깨달아 아들에게 집착하고 매이는 마음에서 벗어나야 한다.

◇ 자기가 낳은 아들에게 너무 집착하여 자

기 자신의 수행생활을 뒷전으로 미루면서
까지 아들 뒷바라지를 계속해 오는 동안 그
아들이 결혼을 하게 되어 며느리를 두게 되
었다. 그런데 아들이 그 며느리에게 빠져들
어 낳아준 어머니를 소홀히 대할 때, 시기
질투심이 발생하여 괴로움에 빠져들게 된
다. 이때, 아들이 아들이 아니고 그 이름이
아들일 뿐이라고 직관해야 한다.

◇ 자기 자신이 명이 다해 숨을 거둠에 이르
러서는 자기의 것이라고 할 만한 것은 아무
것도 없다. 아들도 마찬가지여서 아들과 이
별할 수밖에 없을 때, 아들도 자기의 것으로
남지 않는다는 것을 직관해야 한다.

◇ 사람이 명이 다해 숨을 거두는 시점에서

는 지나온 인생이 꿈속의 일처럼 덧없고 빠르게 지나갔다는 것을 느낄 수밖에 없다. 모든 것이 찰나적이고 순간적인 모습일 뿐이다. 여기서 즉비卽非의 가르침을 깨달아 자녀子女들에게 집착하고 매이지 아니하는 대신, 자녀들에게 일상생활과 병행하여 수행생활을 이어가는 것이 중요하다는 것을 일깨워 주어야 한다. 그것이 진정으로 자녀들을 위한 길이다. 그리고 자기 자신도 자녀들의 일로 너무 시간을 빼앗기지 않고 수행정진하여 무량무변공덕의 세계 즉, 성불에 도달해야 한다.

◇ 수행을 외면하고 성불에 도달한 예가 없고, 수행을 등지고 등신불等身佛을 시현示現한 역사가 없다. 과거 전생에 선근복덕의 종

자를 심어 금생에 『금강경』의 교설을 얻어 만나게 된 우리들도 물러나지 아니하는 수행정진으로 언어와 문자마저 끊어지고 초월한 경지로서의 성불에 도달해야 한다.

23

『금강경』 사구게 四句偈

범소유상 개시허망
凡所有相 皆是虛妄

약견제상비상 즉견여래
若見諸相非相 即見如來

눈에 들어오는 모든

현상 現象 과 눈에

들어오지 않는 모든 의식意識

경계境界에서 일어나는

일체상一切相 즉, 일체의

미혹迷惑은 그 실체가

없는 허망虛妄이라는 것을

깨달아 무아無我의 경지에

들면, 청정각성清淨覺性

즉, 여래에 입성入聖 한다.

불응주색생심
不應住色生心

불응주성향미촉법생심
不應住聲香味觸法生心

응무소주 이생기심
應無所住 而生基心

마땅히 눈에 보이는

일체一切의 모든 모습과
현상現象에 집착하고
속박되어 일어난 마음이
아니어야 한다.
마땅히 소리聲와 향기香와
미각味覺과 촉감觸과
의식意識 즉, 눈에 보이는
모든 것에 집착하고 속박되어
일어난 마음이 아니어야 한다.
마땅히 어디에도 집착하지
아니하고 속박되지 아니하며
머무는 바 없이 성불成佛에
들고자 하는 마음을 내어야 한다.

일체유위법 여몽환포영
一切有爲法 如夢幻泡影

여로역여전 응작여시관
如露亦如電 應作如是觀

유형의 물질과 무형의
의식意識 경계境界에서
발생하는 의식작용과 눈에
들어오는 모든 모습들 즉,
현상現象은 지난밤 꿈과 같고
환상幻相과 같으며 물거품과
같고 그림자와 같다. 또한
아침 이슬 같고 번갯불과 같으므로
응당 이것들을 직관直觀하여
바로 보아야 한다.

『금강경』의
체體·상相·용用 및 공덕

(1) 『금강경』의 체體란, 아상, 인상, 중생상, 수자상의 사상심四相心 없는 본심本心, 본성本性, 본각本覺이다.

(2) 『금강경』의 상相이란, 아상, 인상, 중생상, 수자상의 사상심 없는 본심, 본성, 본각이므

로 어디에도 오염汚染되지 않는다.

⑶『금강경』의 용用이란, 아상, 인상, 중생상, 수자상의 사상심 없는 자비심으로 중생을 교화하여 제도하는 것이다.

⑷『금강경』의 공덕功德이란, 게으름 없는 수행에 임하여 나我가 없다는 무아無我의 경지를 체득하고, 사상심四相心에서 완전히 벗어나는 것이다. 그리하여 본래청정심에 들어 무량무변공덕의 세계인 성불成佛에 도달하는 것이다.

금강경의 핵심 교설을 말하다

2023년 8월 10일   초판 1쇄 발행

지은이   김대우
펴낸이   이규만
디자인   B&D
펴낸곳   불교시대사

출판등록   1991년 3월 20일 제300-1991-27호
주소   (우)03149 서울시 종로구 인사동 7길 12 백상빌딩 1305호
전화   02 · 730 · 2500
팩스   02 · 723 · 5961
이메일   kyoon1003@hanmail.net

ISBN 978-89-8002-179-6   03220

※ 잘못된 책은 교환해 드립니다.
※ 이 책은 저작권법에 따라 보호받는 저작물이므로 무단전재와 무단복제를 금지하며,
　 이 책 내용의 일부를 이용할 때도 반드시 지은이와 출판사의 서면 동의를 받아야 합니다.
※ 이 책의 수익금 1%는 어린이를 위한 나눔의 기금으로 쓰입니다.